Doppel-Klick

Arbeitsheft Deutsch 8 M

Mittelschule Bayern

Schreiben
Mit Texten umgehen
Rechtschreiben
Grammatik

Erarbeitet von
Susanne Bonora (Scheßlitz),
Sylvelin Leipold (Burgebrach),
Heike Potyra (Zirndorf)

Inhaltsverzeichnis

Der Textknacker

Einen Sachtext mit Grafik erschließen

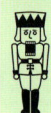

Arbeitstechnik: Einen Sachtext mit dem Textknacker lesen

1. Schritt: Vor dem Lesen
Du siehst dir den Text als Ganzes an.
– Was weißt du schon über das Thema?
– Was erzählen dir die Bilder und die Überschrift?
– Worum könnte es gehen?

2. Schritt: Das erste Lesen
Du überfliegst den Text oder liest ihn einmal durch.
– Was fällt dir auf?
– Worum geht es?
– Ist der Text für deine Fragestellung geeignet?

3. Schritt: Den Text genau lesen
Du achtest auf:
– die Überschrift
– die Absätze
– die Schlüsselwörter
– unbekannte Wörter

4. Schritt: Nach dem Lesen
Du arbeitest mit dem Inhalt des Textes.

Der Textknacker hilft dir, den Sachtext mit der Grafik auf den Seiten 5 und 6 über das Thema „Energiegewinnung" zu verstehen.

1. Schritt: Vor dem Lesen

1 Welche Möglichkeiten der Energiegewinnung kennst du?
Sammle dazu Stichworte in einem Cluster in deinem Heft oder auf einem linierten Blatt.

2 Die Bilder und die Überschrift erzählen dir viel,
schon bevor du mit dem Lesen anfängst.
 a. Sieh dir die Bilder zum Text auf den Seiten 5 und 6 genau an
 und lies die Überschrift.
 b. Worum geht es in dem Text vermutlich?
 Schreibe Sätze auf.

2. Schritt: Das erste Lesen

3 Bevor du den Text liest, kannst du ihn überfliegen.
    a. Überfliege den Sachtext.
    b. Markiere Wörter oder Wortgruppen, die dir aufgefallen sind.

4 Schreibe auf, worum es in dem Text geht.

_____

_____

_____

_____

_____

_____

Energie aus dem Meer   Ulrich Grünewald/Wiebke Ziegler

1

Die gewaltige Energie, die hinter der Kraft des Meeres steckt, ist schon so manchem Küstenbewohner zum Verhängnis geworden. Doch diese Energie ist nicht nur zerstörerisch, sie kann auch genutzt werden, zum Beispiel zur Stromgewinnung. Strom aus dem Meer – gewonnen aus der Kraft der Gezeiten und Wellen. [...]

2

Das Gezeitenkraftwerk
an der Mündung
des Flusses Rance

5 Bereits im 11. Jahrhundert wurde die Kraft des Tidenhubs[1] in Gezeitenmühlen in England und Frankreich genutzt. Und im Jahr 1897 wurde in Frankreich das erste Mal elektrischer Strom mit Hilfe von Turbinen[2] und Generatoren[3] gewonnen, angetrieben durch Ebbe und Flut. Rund 20 Jahre später entstanden die ersten Pläne für ein Gezeitenkraftwerk an der Mündung des Flusses Rance bei St. Malo im Norden Frankreichs.
10 Die Bucht ist mit einem Tidenhub von bis zu zwölf Metern besonders geeignet. Es dauerte allerdings noch bis 1967, bis dieses erste Gezeitenkraftwerk der Welt in Betrieb ging.

3

Das Prinzip des Gezeitenkraftwerks bei St. Malo ist einfach. Ein 750 Meter langer Damm trennt die Bucht vom offenen Meer ab. Das Wasser kann nur durch 24 Rohrturbinen auf
15 die andere Seite gelangen. Die Turbinen erzeugen den Strom sowohl beim Einlaufen des Wassers (Flut) als auch beim Auslaufen (Ebbe). [...] Allerdings lässt sich Energie nicht nur durch die Nutzung des Tidenhubs gewinnen. Denn dass das Meer bei Flut höher steht, bedeutet nicht, dass es angehoben wird, jedenfalls nicht in dem Sinne, wie man einen Eimer Wasser vom Boden anheben würde. Das Wasser des Meeres wird durch die Gezeitenkräfte von einem Ort zu einem anderen gezogen. [...] Es entstehen Strömungen. Und
20 diese können ebenso zur Stromgewinnung genutzt werden.

---

1   der Tidenhub: der Unterschied zwischen Niedrigwasser bei Ebbe und Hochwasser bei Flut
2   die Turbine: eine Maschine, die Fließenergie in Drehenergie umwandelt
3   der Generator: ein Gerät, das die Drehenergie der Turbine in elektrischen Strom umwandelt

4

Vor der Küste Großbritanniens entstand 2003 das erste Meeresströmungskraftwerk der Welt. Das deutsch-britische Pilotprojekt[4] „SeaFlow" sieht aus
25 wie eine Windkraftanlage unter Wasser und funktioniert auch fast genauso. Der Unterschied: Statt des Windes, also der Strömung der Luft, wird die Gezeitenströmung des Wassers genutzt. Seit der Inbetriebnahme musste „SeaFlow" ständig
30 verbessert werden. Die Meeresströmung war zum Beispiel geringer als erhofft. Und der Unterwasserbetrieb stellt extreme Anforderungen an die Materialien. Im Jahr 2008 ging der Nachfolger von „SeaFlow", das Kraftwerk „SeaGen", versuchs-
35 weise vor der Küste Nordirlands in Betrieb. Mit seinen zwei Turbinen produzierte das Meeresströmungskraftwerk so viel Strom, dass damit gut 1 000 Haushalte versorgt werden konnten. [...]

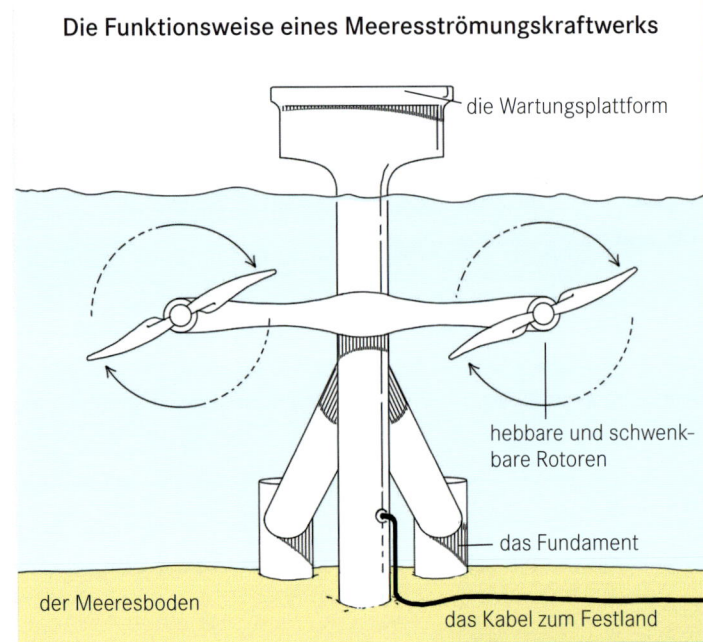

Die Funktionsweise eines Meeresströmungskraftwerks

die Wartungsplattform

hebbare und schwenkbare Rotoren

das Fundament

der Meeresboden

das Kabel zum Festland

5

40 Das Wetter ist zwar ein unvorhersehbarer Faktor, es ist jedoch entscheidend bei einer weiteren Form des Energietransports im Meer: der Wellenenergie. Um diese Energie zu nutzen, gibt es verschiedene Ansätze. Einer der ältesten ist das Prinzip der schwingenden Wassersäule. Das ständige Auf und Ab des Wassers treibt dabei in einer Art Kamin eine Luftsäule an. Wie in einer Luftpumpe wird bei ansteigendem Wasser die Luft nach oben
45 durch eine Turbine gedrückt. Beim Absinken des Wassers wird die Luft durch die Turbine angesogen. [...] Der Prototyp eines Wellenkraftwerks ging 2000 an der Westküste Schottlands in Betrieb. [...]

Ein Wellenkraftwerk in Dänemark

6

Der Energievorrat, der in den Gezeiten steckt, ist zwar riesig, lässt sich jedoch nur selten wirtschaftlich nutzen. Um zum Beispiel ein Gezeitenkraftwerk betreiben zu können,
50 benötigt man mindestens einen Tidenhub von fünf Metern sowie eine geeignete Bucht. Weltweit gibt es [...] nur wenige Dutzend solcher Stellen. Insgesamt ließen sich rein rechnerisch zwölf Gigawatt (ein Gigawatt = eine Milliarde Watt) Strom erzeugen. Damit könnten gerade mal zehn Kohlekraftwerke ersetzt werden. Außerdem steht die Energie nicht kontinuierlich zur Verfügung, die Spitzenlast verschiebt sich ebenso wie die Hoch-
55 und Niedrigwasser von Tag zu Tag. Es müssen daher Möglichkeiten zur Speicherung der Energie geschaffen werden. Das Problem der kontinuierlichen Energiegewinnung tritt bei den Wellenkraftwerken noch verstärkt auf, da bei diesen das Wetter eine entscheidende Rolle spielt. Lediglich ein Strömungskraftwerk liefert jederzeit gleich viel Energie und ist unabhängig vom Wetter. Allerdings gibt es erst wenige Pilotanlagen. In der
60 Kombination verschiedener Meereskraftwerke sehen die Experten gleichwohl einen wichtigen Beitrag zur Versorgung mit erneuerbaren Energien. Im Vergleich zu Wind, Sonne und Biomasse steht die Nutzung der Energie aus dem Meer aber noch am Anfang.*

4 Pilotprojekt: Projekt, in dem versuchsweise neue Verfahren oder Arbeitsweisen angewendet werden

3. Schritt: Den Text genau lesen

Damit du den Sachtext vollständig verstehst, solltest du die Bedeutung der verwendeten Fachbegriffe klären.

5 **a.** Welche Fachbegriffe im Text kennst du nicht?
Kläre ihre Bedeutung mit Hilfe der Erklärungen im Text oder in den Fußnoten.
Tipp: Du kannst auch im Wörterbuch oder Lexikon nachschlagen.
b. Schreibe die Wörter zusammen mit ihrer Erklärung in dein Heft oder auf ein liniertes Blatt.

Absätze gliedern den Text.

6 **a.** Lies den Text nun Absatz für Absatz.
b. Schreibe über die Absätze passende Zwischenüberschriften.

Schlüsselwörter helfen dir, die wichtigsten Informationen zu finden.
Häufig beantworten sie W-Fragen.

7 Unterstreiche in jedem Absatz Schlüsselwörter.
Die W-Fragen am Rand helfen dir.

Wie wird der Strom erzeugt?
Welche Kräfte werden dafür genutzt?

8 Schreibe zu jedem Absatz Schlüsselwörter auf.

Absatz 1: _____

_____

_____

Absatz 2: _____

_____

_____

Absatz 3: _____

_____

_____

_____

Absatz 4: _____

_____

_____

_____

Absatz 5: _____

_____

_____

Absatz 6: _____

_____

_____

_____

_____

Die Grafik auf Seite 6 gibt zusätzliche Informationen zum Sachtext.
Mit dem Textknacker kannst du die Grafik verstehen.

Textknacker für Grafiken
➤ Umschlaginnenseite
hinten

9 **a.** Sieh dir die Grafik als Ganzes an.
b. Worüber könnte die Grafik informieren? Schreibe einen Satz auf.

_____

_____

_____

10 **a.** Sieh dir die Grafik genauer an.
b. Welche Bestandteile hat ein Meeresströmungskraftwerk? Schreibe einen Satz auf.

_____

_____

_____

11 Was bedeutet das Wort **Wartung**? Schreibe die Bedeutung auf.

_____

12 Beantworte die folgenden W-Fragen zu der Grafik. Schreibe Sätze auf.

Wie können die Rotoren bewegt werden?

_____

_____

Wo finden die Arbeiten zur Instandhaltung des Kraftwerks statt?

_____

_____

13 **a.** Formuliere in deinem Heft oder auf einem linierten Blatt zwei weitere Fragen, die du mit Hilfe der Grafik beantworten kannst.
b. Schreibe auch Antworten dazu auf.

14 Was stellt die Grafik dar? Welche Informationen findest du besonders wichtig? Schreibe einen kurzen Text in dein Heft oder auf ein liniertes Blatt. Benutze die Fachbegriffe aus der Grafik. Deine Ergebnisse aus den Aufgaben 9 bis 13 helfen dir.

4. Schritt: Nach dem Lesen

15 Beantworte die folgenden W-Fragen zum Text und zur Grafik in ganzen Sätzen.

Welche verschiedenen Kräfte im Meer kann man für die Energiegewinnung nutzen?

Wodurch werden die Turbinen im Kraftwerk bei St. Malo in Bewegung gesetzt?

Welche Kraft wird in einem Meeresströmungskraftwerk genutzt?

Wie gelangt die auf diese Weise gewonnene Energie vom Meer zum Festland?

Welche Probleme traten im Meeresströmungskraftwerk „SeaFlow" auf?

Wie funktioniert ein Wellenkraftwerk?

Wovon ist die mögliche Energiemenge in Gezeiten- und Wellenkraftwerken abhängig?

16 Was hast du im Text und in der Grafik über die Energiegewinnung aus dem Meer erfahren? Ordne die Informationen übersichtlich in einer Mindmap.

Starthilfe

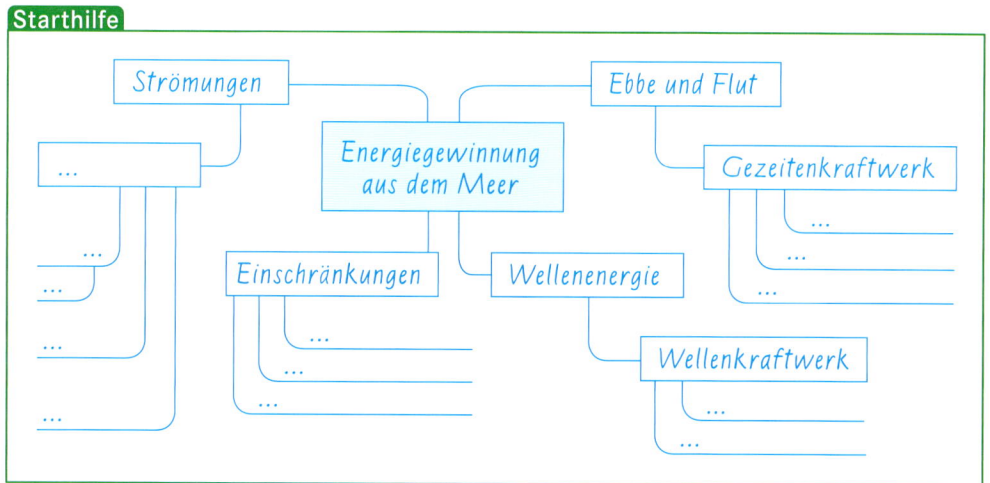

9

Einen Sachtext mit Grafik verstehen

Hier überprüfst du, wie gut du den folgenden Sachtext und die Grafik erschließen kannst.

1 Lies den Text und die Grafik Schritt für Schritt mit dem Textknacker.

Ein großer Traum   Ria Selnau

Die Menschen träumten schon immer davon, sich wie die Vögel in die Luft erheben zu können. Bis dahin war es jedoch ein langer Weg. Bereits seit Jahrtausenden versuchte man, den Vögeln das Geheimnis des Fliegens abzuschauen. Vor etwa 120 Jahren ließ auch Otto Lilienthal diese Idee nicht los. Jahrelang hatte er den Vogelflug studiert und Berech-

5 nungen angestellt. Schließlich entwickelte er zwei riesige Flügel, die mit Stoff bespannt waren. Damit konnte er 1893 tatsächlich von einem Hügel aus etwa 250 Meter weit durch die Luft gleiten. Nach mehreren geglückten Versuchen stürzte er jedoch im Jahr 1896 ab und starb an den Folgen. In den USA hatten die Brüder Wilbur und Orville Wright von Otto Lilienthals Versuchen gehört. Nur wenige Jahre später machten sie sich seine

10 Erkenntnisse zu Nutze und entwickelten einen Doppeldecker mit Motor. Das ist ein Flugzeug, das auf jeder Seite zwei Tragflächen besitzt, die übereinander angeordnet sind. Am 17. Dezember 1903 starteten sie ihren ersten Flug. Ihre Flugmaschine war 12 Sekunden lang in der Luft und legte eine Strecke von 37 Metern zurück.

Heute gelten Otto Lilienthal und die Brüder Wright als Pioniere[1] der Luftfahrt. Doch

15 schon lange Zeit vor ihnen gab es wichtige Stationen in der Geschichte des Fliegens. Bereits vor etwa 500 Jahren hatte der italienische Künstler und Wissenschaftler Leonardo da Vinci flügelähnliche Flugapparate gezeichnet. Aber er suchte auch nach anderen Möglichkeiten. Könnte man sich vielleicht in die Luft hinaufschrauben, wenn man die Schraube nur schnell genug drehen würde? Seine Luftschraube sah

20 schon ein wenig aus wie ein Hubschrauber. Sie hatte oben eine Art Propeller. Eisendrähte verbanden die Propellerteile mit einer Plattform. Auf dieser sollten vier Personen schnell im Kreis laufen und die Luftschraube so antreiben.

Außerdem überlegte da Vinci, wie man einen großen Ballon mit heißer Luft füllen könnte. Er wusste schon, dass heiße Luft leichter als kalte Luft ist. Daraus schloss er,

25 dass ein Ballon, der mit heißer Luft gefüllt ist, nach oben in den Himmel steigen müsste. Aber da Vinci fand damals, um das Jahr 1500, noch keine Lösung für seine Überlegungen. Etwa 300 Jahre später griffen dann in Frankreich die Brüder Joseph und Etienne Montgolfier da Vincis Idee vom Heißluftballon wieder auf. Es gelang ihnen, eine große

30 Hülle aus Leinwand mit heißer Luft zu füllen. Die Luft erwärmten sie mit Hilfe eines Feuers unter der Ballonhülle. Ihr Flugversuch im Jahr 1783 war ein voller Erfolg. Die beiden Passagiere waren 25 Minuten lang 300 Meter hoch in der Luft. Heute ist

35 das Fliegen für uns schon selbstverständlich. Ständig sind immer mehr Menschen mit Flugzeugen rund um die Welt unterwegs.

Modell von Leonardo
da Vincis Luftschraube

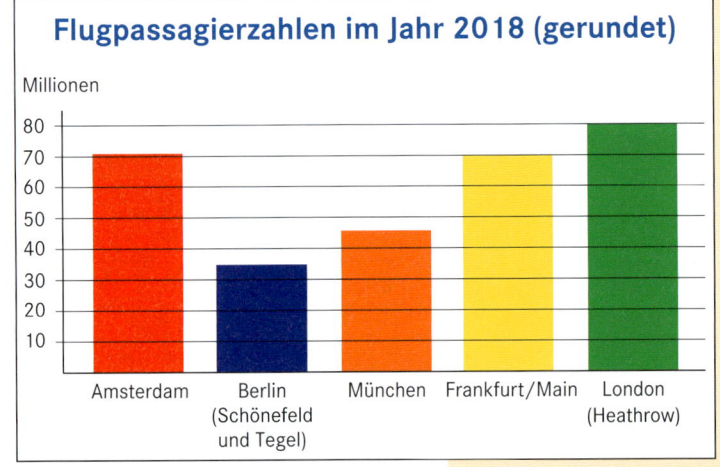

Flugpassagierzahlen im Jahr 2018 (gerundet)

Millionen

---

1   der Pionier: ein Wegbereiter

Nun kannst du prüfen, wie gut du den Text und die Grafik verstehst.

2 **a.** Kreuze an, ob die folgenden Aussagen zum Sachtext und zur Grafik richtig oder falsch sind.
  b. Notiere jeweils die entsprechende Zeilenangabe in der rechten Spalte.
  c. Wenn du eine Aussage in der Grafik gefunden hast, schreibe in die rechte Spalte ein G.

Aussagen zum Text und zur Grafik	richtig	falsch	Zeile/Grafik
1. Um das Fliegen zu erforschen, studierten die Menschen den Vogelflug.	☐	☐	
2. Otto Lilienthal brauchte für seinen Gleitflug eine lange Startbahn.	☐	☐	
3. Otto Lilienthal glitt 1893 ungefähr 150 Meter durch die Luft.	☐	☐	
4. Otto Lilienthal starb wenige Jahre nach seinem ersten Flug.	☐	☐	
5. Ein Doppeldecker ist ein Flugzeug mit vier Tragflächen.	☐	☐	
6. Die Brüder Wright legten bei ihrem ersten Flug eine weitere Strecke zurück als Otto Lilienthal.	☐	☐	
7. Der Doppeldecker der Brüder Wright hatte keinen Motor.	☐	☐	
8. Otto Lilienthal und die Brüder Wright gelten heute als die Pioniere der Luftfahrt.	☐	☐	
9. Die Brüder Montgolfier erfanden den Doppeldecker.	☐	☐	
10. Eine wichtige Vorstufe für den Flugzeugbau war die Erfindung des Hubschraubers.	☐	☐	
11. Leonardo da Vincis Hubschrauber sollte durch Muskelkraft angetrieben werden.	☐	☐	
12. Leonardo da Vinci entwickelte den ersten Heißluftballon.	☐	☐	
13. Beim Heißluftballon wird Luft durch Feuer erwärmt.	☐	☐	
14. Leonardo da Vincis Flug mit dem Heißluftballon war ein Erfolg und dauerte 25 Minuten lang in einer Höhe von 300 Metern.	☐	☐	
15. Von London (Heathrow) aus starteten 2018 die meisten Flugpassagiere.	☐	☐	
16. Am Flughafen Amsterdam gab es 2018 weniger Passagiere als am Flughafen Frankfurt/Main.	☐	☐	
17. Die Flughäfen München und Berlin zusammen hatten 2018 mehr Passagiere als der Flughafen Frankfurt/Main.	☐	☐	

Wie gut verstehst du den Text und die Grafik?
Werte dein Ergebnis aus.

3 Vergleiche deine Antworten aus Aufgabe 2 mit dem Lösungsheft.
Dort kannst du auswerten, wie gut du schon Texte und Grafiken
lesen und verstehen kannst.

☐ /17 Punkte

Auswertung ► Lösungsheft

Eine Grafik erstellen

Informationen anschaulich darstellen

Hier übst du, wie du Informationen aus einem Text grafisch darstellst.

1 Lies den Text mit dem Textknacker.

Textknacker ▶ S. 4

Unser Strommix im Jahr 2017   Heinz Müller

Aus den Veröffentlichungen des Statistischen Bundesamtes sowie anderer statistischer Erfassungsstellen geht hervor, dass im Jahr 2017 die Brutto-Stromerzeugung[1] in Deutschland um etwa 3 Mrd. Kilowattstunden gegenüber dem Jahr 2016 auf 653,7 Mrd. Kilowattstunden geringfügig gestiegen ist.

Eine Biogasanlage
im Rapsfeld

5 Die Struktur der Brutto-Stromerzeugung in der Bundesrepublik Deutschland hat sich in den letzten 10 Jahren zugunsten der Stromerzeugung aus erneuerbaren Energien stark verändert. Das schlägt sich auch in den Zahlen für die Brutto-Stromerzeugung der Bundesrepublik nieder. Immerhin waren es im Jahr 2017 schon 33,3 % des
10 Stroms, der aus erneuerbaren Energien erzeugt wurde (2006 waren es 11,2 %). Das heißt aber auch, dass bei der Stromerzeugung immer noch die fossilen Brennstoffe[2] und die Kernenergie[3] eine wichtige Rolle spielen, denn 2017 wurden 22,5 % des verbrauchten Stroms aus Braunkohle, 14,1 % aus Steinkohle, 0,9 % aus Mineralöl und 13,2 %
15 aus Erdgas gewonnen. Und immerhin noch 11,7 % des Stroms wurde in Kernkraftwerken erzeugt. Auf sonstige Energieträger entfielen zudem 4,2 % des Stroms.
Bei der Nutzung erneuerbarer Energien kann insgesamt eine positive Bilanz gezogen werden: Vor etwa 30 Jahren spielten erneuerbare Energieträger für die Stromerzeugung so gut wie keine Rolle, lediglich Wasserkraft wurde genutzt. Im Jahr 2017 hingegen waren
20 die erneuerbaren Energien, wie bereits erwähnt, schon mit fast einem Drittel des erzeugten Stroms vertreten: Windkraft mit 16,3 %, Wasserkraft mit 3,1 %, Biomasse mit 6,9 %, Fotovoltaik[4] mit 6,1 % und der biologische Anteil des Hausmülls mit 0,9 %.
Die veröffentlichten Zahlen lassen erkennen, dass die Stromerzeugung auf der Basis erneuerbarer Energien im Trend liegt und in den nächsten Jahren auch weiter ansteigen
25 wird.

1 brutto: hier: ohne Abzug der Verluste durch Weiterleitung in das Stromnetz
2 die fossilen Brennstoffe: vor Millionen von Jahren abgestorbene Biomasse,
   die durch geologische Prozesse z. B. zu Kohle oder Erdöl geworden ist
3 die Kernenergie: die Energie, die aus der Spaltung von Atomkernen radioaktiver Elemente gewonnen wird
4 die Fotovoltaik: Energietechnik zur Stromgewinnung aus Sonnenenergie

2 Worüber informiert der Text? Schreibe einen Satz auf.

3 Im Text werden die Anteile an der Brutto-Stromerzeugung für jeden einzelnen Energieträger angegeben. Markiere im Text die Prozentzahlen.

Für eine Präsentation kannst du die Informationen aus dem Text grafisch darstellen, z. B. in einer Tabelle oder einem Balkendiagramm.

4 Du kannst die Informationen des Textes in einer Tabelle darstellen.
Beantworte folgende Fragen. Schreibe dazu Stichworte in die Tabelle.
– Welche vier Gruppen von Energieträgern werden im Text genannt?
– Welchen Anteil an der Brutto-Stromerzeugung haben diese Energieträger jeweils?

Energieträger	Anteil an der Brutto-Stromerzeugung (in Prozent)
fossile Brennstoffe	

5 Welchen Vorteil erkennst du in der tabellarischen Darstellung des Textinhalts? Begründe in einem Satz.

6 Du kannst die Informationen des Textes auch in einem Balkendiagramm darstellen.
– Trage die Energieträger mit Prozentzahlen in der linken Spalte ein.
– Zeichne mit Bleistift zu jedem Energieträger einen Balken, der den Anteil an der Brutto-Stromerzeugung grafisch wiedergibt.
– Male die Balken in verschiedenen Farben aus.

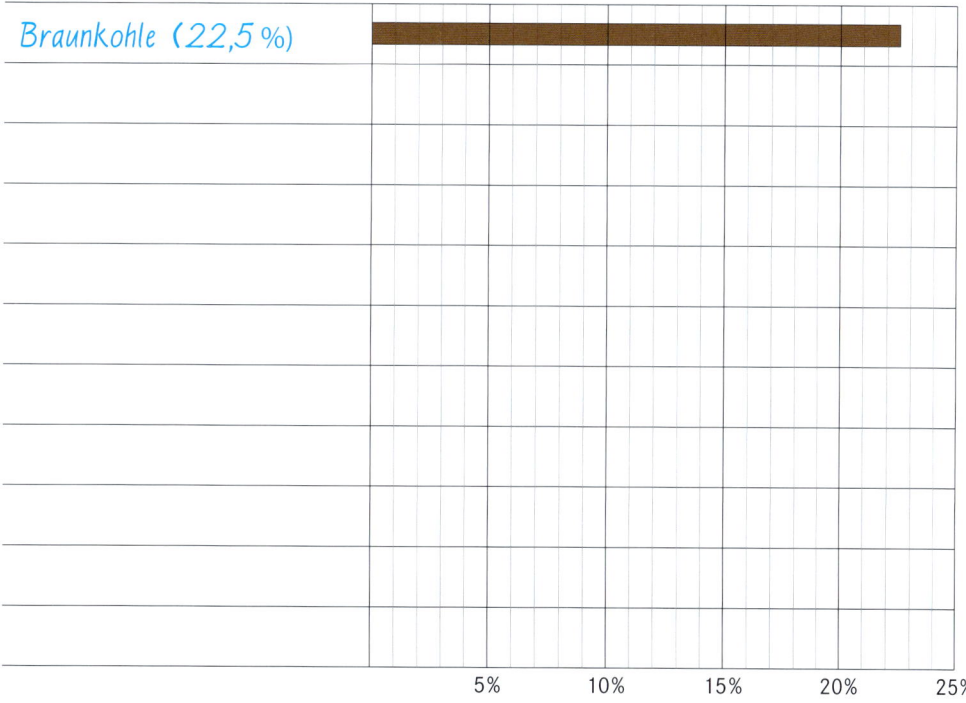

Strommix in Deutschland (2017)

Braunkohle (22,5 %)

5% 10% 15% 20% 25%

7 Welchen Vorteil erkennst du in der Darstellung des Textinhalts in einem Balkendiagramm? Schreibe einen Satz in dein Heft oder auf ein liniertes Blatt.

Einen informierenden Text schreiben

Einen informierenden Text planen

Arbeitstechnik: Einen informierenden Text schreiben

1. Schritt: Den Text planen
– Über welches Thema möchtest du informieren? Sammle Informationen.
– Überlege: Wen möchtest du mit deinem Text informieren?
– Welche Informationen könnten interessant sein? Schreibe Stichworte auf.
– Ordne deine Informationen und schreibe eine Gliederung.

2. Schritt: Den Text schreiben
– Finde eine passende Überschrift.
– Formuliere eine Einleitung, die zum Weiterlesen anregt.
– Schreibe im Hauptteil einfache und klare Sätze. Verwende die nötigen Fachbegriffe.
– Lasse unwichtige Informationen weg. Schreibe sachlich.
– Schreibe zum Schluss einen zusammenfassenden Satz.

3. Schritt: Den Text überarbeiten
– Überprüfe deinen Text. Verwende Checklisten.
– Überarbeite den Text. Achte auch auf die Rechtschreibung.

Du sollst für die Schulhomepage einen Text schreiben, in dem du über Solarthermiekraftwerke als alternative Energiequelle informierst.

1 Überlege dir zunächst Schreibziele und schreibe sie auf.
An wen soll sich der Text richten?

_____

Welches Ziel willst du erreichen?

_____

2 Was musst du beachten, wenn du einen informierenden Text schreibst?
Kreuze die richtigen Antworten an.

☐ Ich wähle interessante Informationen und gliedere sie sinnvoll.

☐ Ich erwähne alles, was mir zu dem Thema einfällt.

☐ Ich wähle eine passende Überschrift.

☐ Ich lasse Unwichtiges weg und schreibe sachlich.

☐ Ich nehme Stellung und nenne meine persönliche Meinung.

☐ Ich verwende Fachbegriffe, die wichtig sind.

Sammle Informationen für deinen Text. Erschließe dazu den folgenden Sachtext und die Grafiken auf den folgenden Seiten mit dem Textknacker. Schreibe die wichtigsten Informationen auf Karteikarten.

3 a. Sieh dir die Bilder zum Text und die Überschrift an.
 b. Worum geht es in dem Text vermutlich? Schreibe einen Satz auf.

4 a. Überfliege den Text oder lies ihn einmal durch.
 b. Welche Wörter oder Wortgruppen fallen dir auf? Markiere sie.
 Tipp: Im ersten Absatz sind bereits Schlüsselwörter hervorgehoben.
 c. Überprüfe deine Vermutung aus Aufgabe 3 b.

Solarthermiekraftwerke

Strom aus gebündelten Sonnenstrahlen

Solarthermische Kraftwerke bündeln mit Spiegeln die Sonnenstrahlen. Wie mit einem Brennglas erzeugen sie Hitze und verwandeln diese Energie in Strom. Am besten geht das im gleißenden Schein der Wüstensonne.

1 *Strom aus der Wüste: Sonnen- und Windenergie kombiniert*

Ein Solarthermiekraftwerk, auch Sonnenwärmekraftwerk genannt, wandelt die Strahlung der Sonne in Wärme um. Im Gegensatz zu Sonnenkollektoren[1] nutzt es die Wärme nicht direkt, sondern erzeugt damit elektrischen Strom. Es gibt unterschiedliche Bauformen von Solarthermiekraftwerken. Das Grundprinzip ist jedoch bei allen das gleiche: Sonnen-
5 licht wird gebündelt und erhitzt eine Flüssigkeit oder Dampf. Damit lassen sich Turbinen antreiben, die mit Generatoren elektrischen Strom erzeugen.

2

Bei einem Parabolrinnenkraftwerk bündeln gewölbte Spiegel das einfallende Sonnenlicht in einer Brennlinie. Dort verläuft ein dünnes Absorberrohr[2], in dem sich Wasserdampf oder ein Thermoöl befindet. Die Sonneneinstrahlung erhitzt den Inhalt des Rohres auf
10 mehrere hundert Grad Celsius, der dann über Leitungen zu Turbinen geleitet wird. Meist werden die rinnenförmigen Spiegel ständig der Sonne nachgeführt, damit die Anlage den ganzen Tag über möglichst viel Energie erzeugen kann.

3

Das Sonnenlicht lässt sich auch in einem einzigen Punkt bündeln. Die bekannteste Bauform für diese Methode ist das Solarturmkraftwerk: Hunderte von computergesteu-
15 erten Brennspiegeln lenken das Sonnenlicht auf die Spitze eines Turms. Am Brennpunkt befindet sich ein vergleichsweise kleiner Absorber, in dem es rund 1000 Grad Celsius heiß werden kann. Die Wärmeenergie wird dazu benutzt, um Dampf zu erzeugen, der Turbinen mit Generatoren antreibt.

4

Solarthermiekraftwerke haben einen relativ niedrigen Wirkungsgrad. Gegenüber
20 Photovoltaik-Anlagen[3] haben sie doch einen großen Vorteil: Die aus dem Sonnenlicht gewonnene Wärme lässt sich speichern, zum Beispiel in Flüssigsalztanks oder Blöcken aus Hochtemperaturbeton. Nachts oder bei schlechtem Wetter wird die Energie dann wieder freigegeben und treibt die Turbinen an. In Zeiten mit geringer Sonnenein-strahlung, zum Beispiel im Winter, lässt sich die zur Stromerzeugung notwendige

[1] der Sonnenkollektor: Teil einer Anlage, die Sonnenstrahlen in Wärmeenergie umwandelt
[2] das Absorberrohr: Röhre, die die Strahlungsenergie aufnimmt und umwandelt
[3] die Photovoltaik-Anlage: eine Solarstromanlage, in der mit Hilfe von Solarzellen ein Teil der Sonnenstrahlung in elektrische Energie umgewandelt wird

25 Wärme auch anders erzeugen, etwa mit einem an die Anlage gekoppelten Gaskraftwerk[4]. Solarthermiekraftwerke könnten also fortdauernd Strom liefern und so die Grundlast im Stromnetz decken.

5

1985 ging in den USA das erste kommerzielle[5] solarthermische Kraftwerk in Kramer Junction in Kalifornien in Betrieb. Weitere Anlagen stehen in den Staaten Nevada,
30 Kalifornien, Arizona und Florida. Auch in Europa wird Solarthermie genutzt: Seit 2007 speist in Andalusien das Solarkraftwerk Planta Solar Strom ins spanische Stromnetz ein. Etliche Anlagen sind seitdem im sonnenreichen Südspanien dazugekommen. In Deutschland gibt es dagegen nur ein Versuchskraftwerk in Jülich.

6 Desertec – der Traum vom Solarstrom aus der Wüste

Desertec war ein hochambitioniertes[6] Projekt mit dem Ziel, Energie dort zu erzeugen,
35 wo erneuerbare Quellen reichlich vorhanden sind. Der Strom sollte entweder vor Ort verbraucht oder mit Hochspannungsleitungen über weite Strecken transferiert[7] werden. Im Zentrum stand die Idee, Solarthermiekraftwerke in Nordafrika zu errichten und den von ihnen produzierten Strom über das Mittelmeer nach Europa zu leiten. 17 Prozent des europäischen Strombedarfs ließen sich so decken, berechnete das Deutsche Zentrum
40 für Luft- und Raumfahrt DLR im Jahr 2009. Auch die Kosten prognostizierte[8] das DLR: 400 Milliarden Euro sollte der Bau von 50 Solarthermiekraftwerken und der Hochspannungsleitungen bis 2050 kosten. Angesichts dieser Summe beteiligten sich viele deutsche Industrie- und Finanzunternehmen am Wüstenstrom-Projekt, zogen sich aber nach einiger Zeit auch wieder aus dem Projekt zurück. Gründe dafür waren unter anderem
45 Zweifel an der Finanzierbarkeit und die unruhige politische Lage in Nordafrika.

7

Desertec blieb aber nicht folgenlos. Marokko führte seine Pläne für Solarthermiekraftwerke weiter, auch als das Projekt Desertec im Wüstensand verlief. Prestigeträchtiges[9] Beispiel ist die Anlage NOORo in der Nähe der Stadt Ouarzazate am Rand der Sahara. Die Anlage erstreckt sich über eine Fläche von 30 Quadratkilometern, auf der vier Kraft-
50 werkseinheiten stehen. Bei NOORo 1 und 2 handelt es sich um Parabolrinnenkraftwerke mit einer maximalen Leistung von 160 beziehungsweise 200 Megawatt. NOORo 3 ist ein Solarturmkraftwerk, dessen Turm 247 Meter in die Höhe ragt. Die maximale Leistung beträgt 150 Megawatt. NOORo 4 erzeugt hingegen mit Photovoltaik maximale 72 Megawatt. Die maximale Gesamtleistung von NOORo liegt also bei 582 Megawatt.
55 Zum Vergleich: Das leistungsstärkste Atomkraftwerk Deutschlands Isar 2 bei Landshut erreicht knapp 1.500 Megawatt. Finanziert wurde das Projekt NOORo von vielen Geldgebern aus dem Ausland. [...]*

[4] das Gaskraftwerk: ein Kraftwerk, welches als Energiequelle die chemische Energie aus der Verbrennung eines Brenngases, z. B. Erdgas, nutzt
[5] kommerziell: geschäftlich
[6] hochambitioniert: sehr ehrgeizig
[7] transferiert: übertragen
[8] prognostiziert: vorausgesagt
[9] prestigeträchtig: Ansehen, Ruhm einbringend

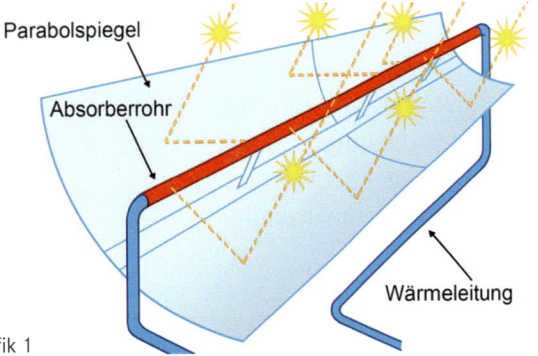

Grafik 1

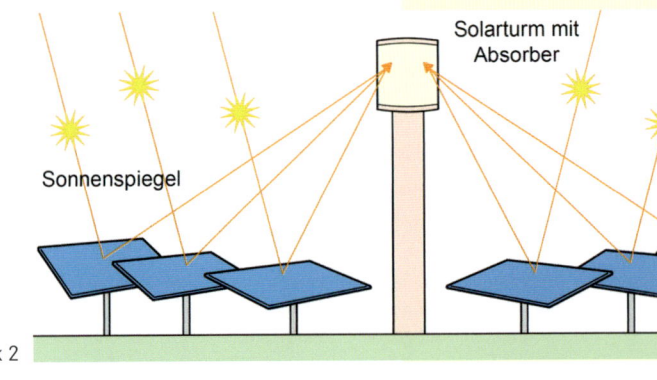

Grafik 2

5 Was erfährst du in den einzelnen Absätzen?
   a. Lies den Text noch einmal genau.
   b. Schreibe mit Hilfe des Wortspeichers die fehlenden Zwischenüberschriften auf die Linien.

Erfolg für Solarthermie in Marokko – Strom bei jedem Wetter rund um die Uhr – Solarturmkraftwerk – kommerzielle Anlagen – Parabol- rinnenkraftwerk

6 In den Fußnoten sind schon einige Begriffe erklärt. Kläre weitere Fachbegriffe aus dem Text, indem du richtig zuordnest. Ziehe entsprechende Pfeile.

eine Turbine	Behältnis, das geschmolzenes Salz enthält, in dem Wärme gespeichert werden kann
ein Generator	eine Maschine, die Fließenergie in Drehenergie umwandelt
eine Hochspannungs- leitung	ein Gerät, das die Drehenergie der Turbine in elektrischen Strom umwandelt
ein Flüssigsalztank	Stromleitungen zur Übertragung von elektrischer Energie über große Entfernungen

7 Beantworte die folgenden Fragen zum Sachtext in Stichworten.

Was geschieht in einem Solarthermiekraftwerk mit der Sonnenstrahlung?

Welchen Vorteil haben Solarthermiekraftwerke gegenüber Solarstromanlagen, die mit Hilfe von Solarzellen Sonnenstrahlung in Energie umwandeln?

Zu welcher Jahreszeit können Solarthermiekraftwerke genutzt werden?

Wann und wo ging das erste solarthermische Kraftwerk in Betrieb?

Aus welchen Gründen war das Projekt „Desertec" nicht erfolgreich?

Wie hoch ist die maximale Gesamtleistung der Anlage „NOORo" in Marokko?

Grafiken und Diagramme enthalten oft zusätzliche Informationen.

8 Was zeigen die beiden Grafiken 1 und 2 auf der Seite 16?
　　a. Sieh dir die Grafiken genau an.
　　b. Notiere, welche Grafik welches Kraftwerk zeigt.

Grafik 1: _____

Grafik 2: _____

9 Wie funktioniert ein Parabolrinnenkraftwerk?
　　a. Lies noch einmal den zweiten Absatz im Text.
　　b. Ergänze den nachfolgenden Erläuterungstext mit den passenden Begriffen aus dem Wortspeicher.

In einem Parabolrinnenkraftwerk befinden sich einige hundert _____

_____. Diese richten sich ständig nach der Sonne aus und sind rinnenförmig

angeordnet. Die Spiegel reflektieren und konzentrieren das Sonnenlicht in der Mitte

der Rinne auf der so genannten _____. Dort verläuft eine dünne

_____, die die Energie aus den Sonnenstrahlen aufnimmt. In der Röhre

befindet sich ein Öl, das erhitzt wird und in einem Wärmetauscher Dampf erzeugt.

Dieser Dampf wiederum treibt eine _____ an, die dann elektrische

Energie erzeugt.

Turbine

Brennlinie

Röhre

Parabolspiegel

10 Ein Solarturmkraftwerk funktioniert etwas anders als ein Parabolrinnenkraftwerk.
　　a. Lies noch einmal den dritten Absatz im Text.
　　b. Ergänze den nachfolgenden Erläuterungstext mit den passenden Begriffen aus dem Wortspeicher.
　　Tipp: Manche Begriffe musst du noch anpassen.

In einem Solarkraftturm wird das Sonnenlicht mit einer Vielzahl einzelner flacher, mit

Hilfe von _____ gesteuerter _____ auf einen einzigen Wärme-

tauscher gelenkt. Dieser befindet sich an der Spitze eines _____, der im

Zentrum der Spiegelanlage steht. Durch den Wärmetauscher strömt Luft. Sie wird erhitzt

und lässt dann wiederum Wasser, das sich in Rohren im Kreis bewegt, verdampfen.

Brennspiegel

Turm

Computer

11 Vergleiche die Leistungen der beiden Solarkraftwerke, indem du die richtigen Aussagen auswählst.

☐ In einem Solarturmkraftwerk wird eine höhere Temperatur erreicht als in einem Parabolrinnenkraftwerk.

☐ In einem Parabolrinnenkraftwerk wird eine höhere Temperatur erreicht als in einem Solarturmkraftwerk.

☐ Die erreichbare Energiegewinnung ist dementsprechend bei Parabolrinnenkraftwerken höher.

☐ Die erreichbare Energiegewinnung ist dementsprechend bei Solarturmkraftwerken höher.

Hier erfährst du, wie ein Solarthermiekraftwerk genau funktioniert.

12 Sieh dir das Schaubild von einem Solarthermiekraftwerk an.

der Parabolspiegel [1]
der Wärmetauscher
die Turbine
der Generator
der Dampfkreislauf
der Wasserkreislauf
der Behälter für das Kühlwasser
der Ölkreislauf
die Kühlung

[1] der Parabolspiegel: ein Hohlspiegel, der parallel einfallende Strahlen gebündelt in ihrem Brennpunkt sammelt

13 Was gehört zu einem Solarthermiekraftwerk? Ergänze den Lückentext.

Zu einem Solarkraftwerk gehören die Parabolspiegel, die Rohre für den _____

_____ , der _____ , die Rohre für den Dampfkreislauf und

den _____ , die _____ , der _____ ,

der Behälter für das _____ und die _____ .

Bei der Stromerzeugung in einem Solarkraftwerk kann man vier Phasen
unterscheiden. Anhand des Schaubilds kannst du die Funktionsweise beschreiben.

14 Beantworte die Fragen mit Hilfe des Schaubilds oben.

Was geschieht mit dem Öl in den Rohren unter dem Parabolspiegel, wenn die
Sonnenstrahlen auf den Spiegel treffen?

Welche Funktion hat der Wärmetauscher?

Welche Aufgabe hat der Wasserdampf im Dampfkreislauf?

Was geschieht mit dem Wasserdampf, wenn er die Turbine durchströmt hat?

15 **a.** Lies die Stichworte zu den vier Phasen des Betriebs eines Solarkraftwerks.
b. Ergänze mit Hilfe des Schaubilds auf Seite 19 die Nummern der Phasen.

Phase ____
- Turbine treibt Generator an
- Generator erzeugt Strom
- Strom wird in das Stromnetz geleitet

Phase ____
- Sonnenstrahlen werden von Parabolspiegeln auf Ölleitungen des Ölkreislaufs gerichtet
- Öl in den Leitungen wird heiß
- heißes Öl fließt zum Wärmetauscher

Phase ____
- Wasser im Wärmetauscher wird durch die Hitze des Öls erwärmt
- Wasserdampf entsteht
- Wasserdampf strömt zur Turbine
- Turbine wird angetrieben

Phase ____
- Wasserdampf kondensiert in der Kühlung zu Wasser
- abgekühltes Wasser wird zurück zum Wärmetauscher transportiert
- erwärmtes Kühlwasser fließt zurück in das Kühlbecken

16 Beschreibe nun die Funktionsweise eines Solarkraftwerks in eigenen Worten mit Hilfe der vier Phasen.

_____
_____
_____
_____
_____
_____
_____
_____
_____
_____
_____
_____
_____
_____
_____
_____
_____
_____

Den informierenden Text schreiben und überarbeiten

Du kannst nun den vollständigen Informationstext in dein Heft oder auf ein liniertes Blatt schreiben. Verwende deine Ergebnisse von den Seiten 14 bis 20.

1   **a.** Ordne deine Karteikarten in einer sinnvollen Reihenfolge.
       b. Nummeriere deine Karteikarten entsprechend.

2   Worüber möchtest du informieren? Schreibe eine passende Überschrift auf.

3   Formuliere eine Einleitung, die die Leserinnen und Leser zum Weiterlesen anregt. Schreibe in dein Heft.

> **Starthilfe**
>
> Es wird zurzeit viel diskutiert über den Klimaschutz. Ein Thema dabei ist die Nutzung erneuerbarer Energien. Aber welche erneuerbaren Energien gibt es überhaupt? Und wie funktioniert die Energiegewinnung auf diese Weise? Heute möchte ich euch die Energiegewinnung aus Sonnenstrahlen vorstellen …

4   Schreibe nun den Hauptteil deines Textes.
       Verwende dazu die Ergebnisse aus den Aufgaben 1 bis 12.
       – Schreibe in einfachen, klaren Sätzen.
       – Verwende wichtige Fachbegriffe.
       – Schreibe sachlich.

5   Schreibe zum Schluss einen zusammenfassenden Satz oder eigene Gedanken auf.

Anschließend kannst du deinen Informationstext überarbeiten.

6   **a.** Überprüfe deinen Informationstext mit Hilfe der Checkliste.
       b. Schreibe anschließend deinen überarbeiteten Text in dein Heft.

Checkliste: Einen informierenden Text schreiben	Ja	Nein
– Habe ich interessante Informationen ausgewählt?	☐	☐
– Habe ich die Informationen sinnvoll gegliedert?	☐	☐
– Habe ich eine passende Überschrift formuliert?	☐	☐
– Habe ich eine Einleitung formuliert, die zum Weiterlesen anregt?	☐	☐
– Habe ich im Hauptteil nur wichtige und sachliche Informationen aufgeschrieben?	☐	☐
– Habe ich zum Schluss einen zusammenfassenden Satz oder eigene Gedanken formuliert?	☐	☐
– Habe ich verständlich formuliert?	☐	☐
– Habe ich alles richtig geschrieben?	☐	☐

Schriftlich Stellung nehmen

Eine Argumentationskette entwickeln

Der Schulleiter der Hupfinger Gemeinschaftsschule hat auf der Homepage der Schule einen Beitrag zum Thema „Eine Fahrradwerkstatt in der Schule" veröffentlicht.
Du nimmst zu dem Thema später schriftlich Stellung.
Zunächst sammelst du Argumente und entwickelst eine Argumentationskette.

1 Lies den Beitrag des Schulleiters.

> **Reparieren statt wegwerfen! Fahrradwerkstatt als AG geplant!**
> In der Fahrradwerkstatt kannst du demnächst
> – dein Fahrrad kostenlos reparieren,
> – Hilfe bei der Reparatur bekommen,
> – Fahrradteile zur Weiterverwendung abgeben.

2 Lies, was Marian und Luisa über den Beitrag des Schulleiters sagen.

An unserer Schule kann gar keine Fahrradwerkstatt eingerichtet werden, weil es keinen geeigneten Raum dafür gibt. Zum Beispiel ist im Erdgeschoss kein Raum mehr frei.

Eine Fahrradwerkstatt ist für viele Schülerinnen und Schüler nützlich, denn sie sammeln dadurch handwerkliche Erfahrungen. Neulich hat mir beispielsweise Lina gezeigt, wie man einen platten Reifen flickt.

3 Wie sind die Meinungen der beiden?
Wer ist für eine Fahrradwerkstatt, wer ist dagegen?
Ordne die Namen zu.

Für eine Fahrradwerkstatt: _____

Gegen eine Fahrradwerkstatt: _____

Luisa und Marian haben Argumente formuliert.
Ein Argument besteht aus einer **Behauptung**, einer **nachvollziehbaren Begründung**
und einem **anschaulichen Beispiel**.

4 Bei Marians Argument sind die Behauptung, die Begründung und das Beispiel
unterschiedlich unterstrichen.
Unterstreiche bei Luisas Argument die Behauptung, die Begründung und
das Beispiel wie angegeben.

Marian und Luisa diskutieren das Thema mit Schülerinnen und Schülern
aus ihrer Klasse.

5 a. Lies die verschiedenen Behauptungen der Schülerinnen und Schüler.
b. Zu welcher Meinung passen die Behauptungen?
Ordne die Namen der Schülerinnen und Schüler zu.

Tim: In unserer Schule eine Fahrradwerkstatt einzurichten, ist sinnlos.

Leo: Eine Fahrradwerkstatt ist hilfreich für alle, die mit dem Rad kommen.

Susan: Eine Fahrradwerkstatt in der Schule ist für die Reparatur bestimmter Dinge
         nicht vorstellbar.

Tine: Für viele Schülerinnen und Schüler ist eine Fahrradwerkstatt aus
         finanzieller Sicht gut.

Für eine Fahrradwerkstatt: _____ und _____

Gegen eine Fahrradwerkstatt: _____ und _____

6 Zu welchen Behauptungen passen die folgenden Begründungen?
Verknüpfe die Begründungen mit den passenden Behauptungen aus Aufgabe 5.
Schreibe die Sätze auf die nächste Seite.
Lass unter jedem Satz zwei Zeilen frei.
Tipp: Nutze zur Verknüpfung **weil, da** oder **denn**.

Sie können dadurch nämlich viel Geld sparen.

Es kommen nur wenige Schüler mit dem Fahrrad.

Bei einer Fahrradpanne bekommen sie dann schnell Hilfe.

Viele Reparaturen sind viel zu schwierig für Schüler.

In unserer Schule eine Fahrradwerkstatt einzurichten, ist sinnlos,

weil nur wenige Schüler mit dem Fahrrad kommen.

Die Schülerinnen und Schüler stützen ihre Begründungen mit anschaulichen Beispielen.

7 **a.** Lies die folgenden Sätze.
b. An welchen Wörtern erkennst du, dass die Sätze **Beispiele für Begründungen** sind? Markiere die Wörter.
c. Ordne die Beispiele den Begründungen der Schülerinnen und Schüler aus Aufgabe 6 zu. Schreibe sie passend unter die Sätze.
d. Finde für die letzte Begründung ein eigenes Beispiel.

In meiner Klasse sind es ==zum Beispiel== nur drei Schüler.

Beispielsweise wurde am Montagmittag gleich mein Spiegel repariert.

Zum Beispiel könnten sie nicht eine kaputte Scheibenbremse reparieren.

8 Welche Meinung hast du zu dem Thema?
Schreibe ein Argument auf.

Durch eine **Argumentationskette** belegst du deine Meinung mit
mehreren Argumenten.

9 Tine hat ihre Meinung mit einer Argumentationskette aus zwei Argumenten belegt.
Lies die Argumentationskette.

Ich meine, dass eine Fahrradwerkstatt für viele Schülerinnen und Schüler

aus finanzieller Sicht gut ist, weil sie dadurch nämlich viel Geld sparen können.

Für eine Reparatur im Fachgeschäft habe ich beispielsweise neulich 60 Euro bezahlt.

Außerdem sind genug Schülerinnen und Schüler motiviert,

in der Fahrradwerkstatt mitzuarbeiten, denn viele beschäftigen sich auch

in ihrer Freizeit mit ihren Rädern. Ersan hat zum Beispiel schon öfter

Räder von Freunden repariert. Deshalb bin ich für eine Fahrradwerkstatt.

10 Wie ist Tines Argumentationskette aufgebaut?
a. Unterstreiche die Behauptungen, die Begründungen und die Beispiele
unterschiedlich.
b. Mit welchem Wort macht Tine deutlich, dass ein zweites Argument folgt?
Markiere das Wort.
c. Kreise die Schlussfolgerung ein.

11 Schreibe nun eine Argumentationskette mit drei Argumenten
gegen eine Fahrradwerkstatt.
– Du kannst eigene Argumente wählen.
– Du kannst auch deine Ergebnisse aus den Aufgaben 6 und 7 auf den Seiten 23
und 24 wählen.
Tipps: Denke an die drei B (Behauptung, Begründung, Beispiel) und
an die Schlussfolgerung.
Leite die Argumente mit einer Konjunktion (einem Bindewort) ein.

> Zudem
> Außerdem
> Des Weiteren
> Auch
> Darüber hinaus
> Weiterhin

Die Stellungnahme schreiben

Nun kannst du zur der Frage, ob es auch in deiner Schule eine Fahrradwerkstatt geben soll, schriftlich Stellung nehmen.

1 An welche Leser richtest du deine Stellungnahme? Wähle aus.

☐ An meine Mitschülerinnen und Mitschüler.

☐ An die Schulleitung.

2 Schreibe eine Einleitung zu deiner Stellungnahme.
   a. Lies die folgenden ungeordneten Sätze einer Einleitung.
   b. Wähle drei für dich passende Sätze aus.
      Nummeriere sie in der richtigen Reihenfolge.

☐ Ich bin der Meinung, dass es eine Fahrradwerkstatt geben sollte.

☐ Sollte es in unserer Schule eine Fahrradwerkstatt geben?

☐ Ich bin der Meinung, dass es keine Fahrradwerkstatt geben sollte.

☐ Zu der im Beitrag auf der Homepage gestellten Frage möchte ich Stellung nehmen.

   c. Schreibe die Einleitung auf die Zeilen.

3 Formuliere im Hauptteil deine Argumentationskette mit drei Argumenten.
   Schreibe in dein Heft oder auf ein liniertes Blatt.
   Nutze deine Ergebnisse aus den Aufgaben 4 bis 11.
   Denke daran: Auch wenn du Stellung nimmst, schreibst du sachlich.

4 a. Schreibe eine Schlussfolgerung.
Vervollständige dazu den Satz.

    b. Schreibe einen weiteren Satz.
- Was empfiehlst du dem Schulleiter?
- Welchen Vorschlag möchtest du dem Schulleiter machen?

Aus den genannten Gründen bin ich also der Meinung, dass es in unserer Schule

Deine Stellungnahme kannst du mit Hilfe einer Checkliste überarbeiten.

5 a. Prüfe deine Stellungnahme mit Hilfe der Checkliste.
    b. Überarbeite deine Stellungnahme. Schreibe sie in dein Heft oder auf ein liniertes Blatt.

Checkliste: Schriftlich Stellung nehmen	*Ja*	*Nein*
– Habe ich in der Einleitung das Thema genannt?	☐	☐
– Habe ich meine Meinung in einem vollständigen Satz formuliert?	☐	☐
– Habe ich für die Leser überzeugende Argumente genannt?	☐	☐
– Habe ich meine Argumente mit Beispielen gestützt?	☐	☐
– Habe ich zum Schluss meine wichtigsten Aussagen zusammengefasst?	☐	☐
– Habe ich eine Empfehlung oder einen Vorschlag gemacht?	☐	☐

6 Notiere: Was kannst du gut? Was fällt dir schwer?
Das kann ich:

Das muss ich noch üben:

Eine Bewerbung schreiben

Ein Bewerbungsschreiben überarbeiten

Jakob möchte sich für ein Praktikum als Raumausstatter bewerben.

1 Überprüfe Jakobs Bewerbungsschreiben mit Hilfe der Arbeitstechnik.
Welche drei Bestandteile fehlen in dem Bewerbungsschreiben?
Schreibe sie an den passenden Stellen an den Rand.

Jakob Müller
Bahnhofstr. 25
89890 Mustertal
Tel.: 0162/2090503
E-Mail: j.mueller@example.net

Firma Raumausstattung GmbH & Co. KG   Mustertal, 20.03.20..
Herrn Dieter Bunt
Parkstr. 4
89890 Mustertal

Sehr geehrter Herr Bunt,

mit diesem Schreiben möchte ich mich um eine Praktikumsstelle
in ihrer Firma in der Zeit vom 14.05.20.. bis 18.05.20.. bewerben.
Zurzeit besuche ich die 8. Klasse im M-Zweig der Mustertaler Mittelschule,
die ich voraussichtlich im Sommer 20.. mit dem mittleren Schulabschluss
verlassen werde.
In meiner Freizeit interessiere ich mich vor allem für praktische Tätigkeiten,
da ich gern mit den Händen arbeite. In den letzten Ferien habe ich beispielsweise
das Tapezieren gelernt, als ich mit meinem Vater unser Haus renoviert habe.
Im Technikunterricht habe ich gute Noten. Ich bin handwerklich geschickt.
Auf ihren Betrieb bin ich bei meiner Internetrecherche gestoßen.
Ich habe mich im Internet auch ausführlich über den Beruf des Raumausstatters
informiert und denke, dass das genau mein Ding ist. Aus diesem Grund würde
ich ihn gern in einem Praktikum näher kennen lernen.

Mit freundlichen Grüßen

Jakob Müller

Achtung: Fehler!

Du kannst Jakobs Bewerbungsschreiben überarbeiten.

2 Formuliere einen passenden Betreff für Jakobs Bewerbungsschreiben.

Bewerbung um

3 Formuliere eine passende Bitte zum Schluss.

> **Starthilfe**
> Über eine Zusage oder ...

4 Jakob fügt seinem Bewerbungsschreiben unter anderem einen Lebenslauf mit Lichtbild bei.

   a. Welches Wort weist auf beigefügte Seiten zum Schreiben hin?
      Kreuze die richtige Antwort an.

     ☐ Nachsatz   ☐ Anlagen   ☐ Betreff   ☐ PS

   b. Wo steht dieser Hinweis auf den beigefügten Lebenslauf?
      Kreuze die richtige Antwort an.

     ☐ ganz oben   ☐ ganz unten   ☐ im Betreff   ☐ im Text

5 In Jakobs Bewerbungsschreiben gibt es eine unsachliche Formulierung.
   a. Finde die unsachliche Formulierung im Bewerbungsschreiben und markiere sie.
   b. Formuliere sachlich und schreibe den korrigierten Satz vollständig auf.

Sprachspeicher
der Beruf passt gut zu mir

der Beruf entspricht meinen Interessen und Fähigkeiten

6 Jakob hat in seinem Bewerbungsschreiben Anredepronomen falsch geschrieben. Finde und überprüfe die Anredepronomen. Streiche die falsch geschriebenen Anredepronomen durch. Korrigiere die Fehler. Schreibe die Sätze richtig auf.

7 **a.** Schreibe deine Überarbeitung von Jakobs Bewerbungsschreiben in dein Heft oder mit dem Computer.
      Verwende dazu deine Arbeitsergebnisse aus den Aufgaben 2 bis 6.
   b. Überprüfe die Formulierungen und die Rechtschreibung.
      Tipp: Beim Überarbeiten kann die Rechtschreibprüfung am Computer eine Hilfe sein.

Ein Bewerbungsschreiben verfassen

W Nun kannst du dein eigenes Bewerbungsschreiben planen und schreiben.
- Du kannst einen Beruf vom Rand auswählen.
- Du kannst auch deinen Wunschberuf auswählen.

Plane dein Bewerbungsschreiben.

Altenpfleger/-in

Bauzeichner/-in

Gärtner/-in
in der Fachrichtung
Garten und
Landschaftsbau

Hotelfachmann/-frau

Mechatroniker/-in

Zahnmedizinische/r
Fachangestellte/r

Kaufmann/-frau
Einzelhandel

Notfallsanitäter/-in

Industriemechani-
ker/-in

1 Welcher Beruf interessiert dich? Wo möchtest du ein Praktikum machen?
Schreibe deinen Praktikumswunsch auf.

2 Welche persönlichen Interessen hast du, die zum Berufsbild passen?
Schreibe dazu Stichworte auf.

3 Welche Fähigkeiten und Stärken hast du, die zum Berufsbild passen?
Wie kannst du deine Fähigkeiten und Stärken belegen? Schreibe dazu Stichworte auf.

4 Denke dir Namen und Adresse deiner Praktikumsstelle aus.
Tipp: Du kannst die Anschrift eines dir bekannten Betriebes verwenden.

Nun kannst du dein Bewerbungsschreiben verfassen.

5 Verfasse dein Bewerbungsschreiben am Computer:
- Schreibe auf, wofür du dich bewerben möchtest.
- Gib an, woher du von dem Praktikumsplatz weißt.
- Begründe, warum du dieses Praktikum machen möchtest und
  warum du dafür geeignet bist.
- Beachte die Bestandteile eines Bewerbungsschreibens.
- Achte auf sachliche Formulierungen und auf eine korrekte Rechtschreibung.

> **Starthilfe**
>
> ...
> Sehr geehrte(r) ...,
> hiermit bewerbe ich mich bei Ihnen um eine Praktikumsstelle für ...
> Zurzeit besuche ich die ... Klasse der ...
> In meiner Freizeit ...
> Über eine Zusage oder eine Einladung zu einem Gespräch ...
>
> Mit freundlichen Grüßen ...

Du kannst dein Bewerbungsschreiben nun überarbeiten.

6 Überarbeite dein Bewerbungsschreiben mit Hilfe der Arbeitstechnik auf Seite 28.

Den tabellarischen Lebenslauf schreiben

Zu einer Bewerbung für ein Praktikum gehört ein Lebenslauf.
Er enthält wichtige persönliche Angaben.

1 Sieh dir Marinas Lebenslauf genau an.
   a. Welche Angaben enthält er? Kreuze an.
   b. Welche zwei Angaben gehören nicht hinein? Streiche sie durch.

☐ Name	☐ Ort und Datum
☐ Anschrift	☐ Hobbys
☐ Telefonnummer	☐ Unterschrift
☐ Lieblingsfächer	☐ Schulen
☐ E-Mail-Adresse	☐ Geburtsdatum
☐ Sprachkenntnisse	☐ Lieblingssongs
☐ Kinderkrankheiten	☐ Geburtsort

Lebenslauf

Zur Person
Name: Marina Heinemann
Anschrift: Heinestr. 12
                 11122 Musterhausen
Telefon: 0162/2090503
E-Mail: Marheinemann@example.net
Geburtsdatum: 18.04.20..
Geburtsort: Starnberg

Schulbildung
Grundschule:
                 11.09. 20.. – 31.07.20..
                 Grundschule III
weiterführende Schule:
                 seit 12.09.20.. Mittelschule am
                 Waldrand

Besondere Interessen und Kenntnisse
Sprachkenntnisse: Englisch
Lieblingsfächer: Deutsch, Sport, GPG
Hobbys: Leiterin beim Jugendrotkreuz,
                  Turnen (Verein), Lesen

Musterhausen, 27.02.20..

Marina Heinemann

2 Schreibe deine eigenen Angaben für deinen Lebenslauf auf.

Zur Person

Name:

Anschrift:

Telefon:

E-Mail:

Geburtsdatum:

Geburtsort:

Schulbildung

Grundschule:

weiterführende Schule:

Besondere Interessen und Kenntnisse

Sprachkenntnisse:

Lieblingsfächer:

Hobbys:

Ort und Datum:

Unterschrift:

3 Schreibe deinen Lebenslauf mit dem Computer:
   – Nenne nur Hobbys, die zur Praktikumsstelle passen.
   – Achte auf die Rechtschreibung und eine saubere Darstellung.
   – Füge ein digitales Bewerbungsbild ein oder klebe ein Lichtbild auf den Ausdruck.

Zu einem Jugendbuchauszug schreiben

Der folgende Textauszug stammt aus dem Buch „Tintenblut" von Cornelia Funke. Die 12-jährige Meggie Folchart lebt zusammen mit ihrem Vater Mortimer (genannt Mo) bei ihrer Großtante Elinor. Die Familie des Buchbinders Mortimer ist eng mit Büchern verbunden. Von ihrem Vater hat Meggie die besondere Gabe geerbt, aus Büchern Sachen hinein- und hinauszulesen. Der arabische Junge Farid, der in Meggie verliebt ist, wurde beispielsweise von Mo aus Versehen aus „Märchen aus 1001 Nacht" herausgelesen.

In diesem Auszug erlebst du mit, wie es Meggie gelingt, sich und ihren Freund Farid an einen magischen Ort zu lesen.

1 Lies den folgenden Auszug.

In der Tintenwelt   Cornelia Funke

Meggie blickte auf die Buchstaben, schwarz und schön. Sie suchte den Geschmack der ersten Silben auf ihrer Zunge, versuchte, sie sich vorzustellen, die Welt, von der die Wörter flüsterten, die Bäume, Vögel, den fremden Himmel … Und dann, mit klopfendem Herzen, begann sie zu lesen. Ihr Herz klopfte fast ebenso heftig wie in jener Nacht, in der sie mit
5 ihrer Stimme hatte töten sollen. Dabei war es diesmal doch so viel weniger, was sie vollbringen musste. Nur eine Tür wollte sie aufstoßen, nichts als eine Tür zwischen den Buchstaben, gerade groß genug für sie und Farid … Ein frischer Geruch zog ihr in die Nase, von tausend und abertausend Blättern. Dann verschwand alles, ihr Schreibtisch, die Lampe neben ihr und das offen stehende Fenster. Das Letzte, was Meggie sah, war
10 Gwin[1], der schnuppernd auf der Fensterbank saß und sie anstarrte. […]
Ich kann es! Das war Meggies erster Gedanke, als sie spürte, dass die Wörter sie tatsächlich eingelassen hatten, dass sie nicht länger in Elinors Haus war, sondern an einem anderen, ganz anderen Ort. Ich kann es. Mich selbst hineinlesen, mich selbst. Ja, sie war tatsächlich zwischen die Worte geschlüpft, wie sie es so oft schon in Gedanken getan hatte. Doch sie
15 würde nicht die Haut einer Figur überstreifen müssen, von der das Buch ihr erzählte – nein, sie selbst würde es sein, die mitspielte, sie selbst, Meggie. […]
Meggie blickte sich um, fast, als hoffte sie, er stünde hinter ihr, so wie es immer gewesen war an fremden Orten. Aber da stand nur Farid, der sich ebenso ungläubig umsah wie sie. Das Haus von Elinor – weit fort. Ihre Eltern – fort. Und kein Weg, der zurückführte.*

[1] Gwin: ein Marder

2 Wie gefällt dir der Textauszug? Beschreibe deine ersten Leseeindrücke.

3 Was erfährst du über Meggie? Notiere Stichworte.

Einen inneren Monolog schreiben

Du kannst eine Figur besser verstehen, wenn du dich in sie hineinversetzt. Mit einem inneren Monolog kannst du die Gedanken und Gefühle in Ich-Form beschreiben.

Arbeitstechnik: Einen inneren Monolog schreiben

Mit einem inneren Monolog gibst du den Gedankenfluss einer Figur in der Ich-Form wieder.
Dafür versetzt du dich in die Figur hinein und stellst Gedanken, Gefühle und Wahrnehmungen in einer bestimmten Situation möglichst genau dar:
– Was geht im Kopf der Figur vor? Was beschäftigt sie?
– Was fühlt die Figur? Was ist ihr wichtig?
Die einzelnen Gedanken im inneren Monolog sind nicht sortiert und können durcheinandergeraten, abschweifen oder abbrechen. Verwende das Präsens und formuliere so, dass es zum Text passt.

---

4   **a.** Finde im Text die Antworten auf folgende Fragen. Markiere sie.
- Wie ist Meggie an einen anderen Ort gelangt?
- Welche Entdeckung macht Meggie in Bezug auf ihre Gabe?

    b. Schreibe mit Hilfe der Markierungen die Antworten in ganzen Sätzen auf.

Beim Lesen verschwand alles und Meggie ...

5   „Sie suchte den Geschmack der ersten Silben auf ihrer Zunge." Erläutere diese Textstelle mit eigenen Worten in deinem Heft oder auf einem linierten Blatt.

6   Wie fühlt sich Meggie vor dem Lesen, bei der Lektüre und in dem Moment, als sie an dem anderen Ort angelangt ist? Schreibe mögliche Gedanken auf.

vor dem Lesen:

beim Lesen:

an einem anderen Ort:

7   Finde passende Adjektive für Meggie und notiere sie.

8   Versetze dich in Meggie hinein und schreibe einen inneren Monolog.
    a. Schreibe in Stichworten auf, was Meggie im Laufe der Handlung denken und fühlen könnte.
    b. Schreibe nun mit Hilfe deiner Notizen, der Arbeitstechnik und der Ergebnisse aus den Aufgaben 2 bis 7 den inneren Monolog auf.

neugierig

ängstlich

mutig

abenteuerlustig

aufmerksam

empfindsam

ungeduldig

gefühllos

Die Geschichte weiterschreiben

Was können Meggie und Farid in der Tintenwelt erleben? Schreibe die Geschichte weiter. Dabei musst du dich an den Vorgaben aus dem Textauszug orientieren.

9 In welcher Zeitform ist die Geschichte geschrieben?

_____

10 Bestimme die Perspektive, aus der die Geschichte erzählt wird.
   a. Kreuze die zutreffende Perspektive an.
   b. Belege deine Wahl mit einem Textbeispiel.

   ☐ Ich-Perspektive   ☐ Er/Sie-Perspektive

   Textbeleg: _____

11 Bereite die Fortsetzung der Geschichte vor, indem du die folgenden Fragen in Stichworten beantwortest.
   Tipp: Du kannst die Wörter vom Rand verwenden oder deine eigenen Ideen aufschreiben.

   Wo sind Meggie und Farid angekommen? Wie sieht die Tintenwelt aus?

   _____

   _____

   _____

   _____

> in einer fantastischen Welt
>
> an einem grünen See
>
> in der Zukunft

   Welche Figuren leben in der Tintenwelt?

   _____

   _____

   _____

   _____

> Zauberer
>
> Hellseher
>
> fantastische Tiere
>
> Figuren aus anderen Büchern

   Was erleben Meggie und Farid oder wen entdecken sie an diesem Ort?

   _____

   _____

   _____

> Dort gab es …
>
> Sie entdeckten/ sahen/erlebten …
>
> Sie reisten weiter …
>
> Sie trafen …

   Was denken und fühlen die Hauptpersonen?

   _____

   _____

   _____

> Angst/Hunger
>
> ein schrecklicher Verdacht
>
> erschraken fast zu Tode …
>
> nahmen allen Mut zusammen …
>
> überglücklich

12 Adjektive machen deine Geschichte noch lebendiger.
Gestalte die folgenden Sätze anschaulicher, indem du passende Adjektive ergänzt.
Tipps: Du kannst Wörter vom Rand nehmen oder eigene Adjektive einsetzen.
Die Endung der Adjektive vom Rand musst du noch anpassen.

Auf einmal hörte ich einen _____ Schrei.

Ich hatte _____ Angst vor dem _____ Tier.

Ich überquerte die _____ Brücke.

Ein _____ Haus auf der Lichtung war meine Rettung.

fürchterlich

klein

riesig

schrecklich

schmal

13 Schreibe nun die Fortsetzung der Geschichte in dein Heft oder auf ein liniertes Blatt.
Tipps: – Die Ergebnisse der Aufgaben 9 bis 12 helfen dir.
– Baue Spannung auf: Erzähle ausführlich, ohne den Schluss zu verraten.
– Verwende abwechslungsreiche Satzanfänge.
– Verwende interessante Wörter und treffende Verben.
– Verwende die wörtliche Rede.

Zum Schluss musst du die Spannung auflösen.

14 Bereite den Schluss für deine Fortsetzung vor.
Wie löst sich die Spannung am Schluss auf? Schreibe hier Stichworte auf.

15 Schreibe den Schluss unter deine Fortsetzung der Geschichte.

Prüfe, ob du deine Fortsetzung verbessern kannst.

16 **a.** Lies deine gesamte Fortsetzung noch einmal genau.
b. Überprüfe deine Rechtschreibung mit Hilfe des Rechtschreib-Checks.
c. Überprüfe deine Fortsetzung dann mit Hilfe der Checkliste:

Am Ende …
Schließlich …

Zu guter Letzt …

In letzter Sekunde
schafften sie es, …

Das Geheimnis blieb
unentdeckt …

Unverletzt machten
sie sich auf den Weg …

Wie gut, dass er nie
erfahren wird, dass …

Checkliste: Eine Geschichte überarbeiten	Ja	Nein
– Habe ich alle Fragen beantwortet?	☐	☐
– Ist alles gut verständlich?	☐	☐
– Habe ich treffende Verben verwendet?	☐	☐
– Habe ich anschauliche Adjektive verwendet?	☐	☐
– Sind meine Satzanfänge abwechslungsreich?	☐	☐
– Habe ich wörtliche Rede verwendet?	☐	☐
– Habe ich alle Wörter richtig geschrieben?	☐	☐
– Habe ich alle Satzzeichen richtig gesetzt?	☐	☐

Eine Kurzgeschichte zusammenfassen

Die Kurzgeschichte erschließen

Du kannst den Inhalt der folgenden Kurzgeschichte erschließen und sie danach zusammenfassen.

1 Lies die Kurzgeschichte mit dem Textknacker.

Textknacker ➤ S. 4

Der Retter   William M. Harg

Der Schoner[1] „Christoph" ging so sanft unter, dass Senter, der einzige Mann am Ausguck, nichts empfand als Staunen über das Meer, das zu ihm emporstieg. Im nächsten Augenblick war er klatschnass, das Wasser schlug über ihm zusammen, und das Takelwerk[2], an das er sich klammerte, zog ihn in die Tiefe. Also ließ er los. Senter schwamm benommen
5   und verwirrt, wie ein Mensch, dessen Welt plötzlich versunken ist. Mit einem Mal erhob sich, wie aus der Kanone geschossen, eine Planke[3] mit einem Ende aus dem Wasser und fiel mit Dröhnen zurück. Er schwamm darauf zu und ergriff sie. Er sah, dass noch etwas auftauchte, und das musste einer seiner acht Kameraden sein. Als aber der Kopf sichtbar wurde, war es nur der Hund. Senter mochte den Hund nicht, und da er erst so kurze Zeit
10   zur Bemannung[4] gehörte, erwiderte das Tier seine Abneigung. Aber jetzt hatte es die Planke erblickt. Es mühte sich ab, sie zu erreichen, und legte die Vorderpfoten darauf. Dadurch sank das Ende tiefer ins Wasser. Senter überkam die furchtbare Angst, sie könnte untergehen. Er zog verzweifelt an seinem Ende: Die Pfoten des Hundes rutschten ab, und er versank. Aber der Hund kam wieder hoch, und wieder schwamm er schweigend,

15   ohne Hass oder Nachträglichkeit, zur Planke zurück und legte seine Pfoten darauf. Wieder zog Senter an seinem Ende, und wieder versank der Hund. Das wiederholte sich ein Dutzend Mal, bis Senter, vom Ziehen ermüdet, mit Entsetzen und Verzweiflung erkannte, dass der Hund es länger aushalten konnte als er. Senter wollte nicht mehr an das Tier denken. Er stützte die Ellenbogen auf die Planke und hob sich, so weit es ging,
20   aus dem Wasser empor, um sich umzusehen. Der Schrecken seiner Lage überwältigte ihn. Er war Hunderte von Meilen vom Land entfernt. Selbst unter den günstigsten Umständen konnte er kaum hoffen, aufgefischt zu werden. Mit Verzweiflung sah er, was ihm bevorstand. Er würde sich einige Stunden lang an der Planke festhalten können – nur wenige Stunden. Dann würde sich sein Griff vor Erschöpfung lösen, und er würde
25   versinken. Dann fiel sein Blick auf die geduldigen Augen des Hundes. Wut erfüllte ihn, weil der Hund offenbar nicht begriff, dass sie beide sterben mussten. Seine Pfoten lagen am Rande der Planke. Dazwischen hatte er die Schnauze gestützt, sodass die Nase aus dem Wasser ragte und er atmen konnte. Sein Körper war nicht angespannt, sondern trieb ohne Anstrengung auf dem Wasser. Er war nicht aufgeregt wie Senter. Er spähte[5]
30   nicht nach einem Schiff, dachte nicht daran, dass sie kein Wasser hatten, machte sich

---

[1] der Schoner: ein Segelschiff mit mehreren Masten
[2] das Takelwerk: Masten, Segel und Seile
[3] die Planke: ein Brett
[4] die Bemannung: die Mannschaft eines Schiffs
[5] spähen: sehen, Ausschau halten

nicht klar, dass sie bald in ein nasses Grab versinken mussten. Er tat ganz einfach, was im Augenblick getan werden musste. In der halben Stunde, seit sie sich beide an der Planke festhielten, war Senter bereits ein Dutzend Mal gestorben. Aber der Hund würde nur einmal sterben. Plötzlich war es Senter klar: Wenn er selbst zum letzten Mal ins Wasser

35 rutschte, würde der Hund noch immer oben liegen. Er wurde böse, als er das begriff, und er zog sich die Hosen aus und band sie zu einer Schlinge um die Planke. Und er triumphierte, denn er wusste: So konnte er es länger aushalten. Dann aber warf er einen Blick auf die See, und Entsetzen erfasste ihn aufs Neue. Schnell sah er den Hund an und versuchte, so wenig an die Zukunft zu denken wie das Tier. Am Nachmittag des zweiten Tages fingen

40 die Pfoten des Hundes an, von der Planke abzurutschen. Mehrere Male schwamm er mit Anstrengung zurück, aber jedes Mal war er schwächer. Jetzt wusste Senter, dass der Hund ertrinken musste, obwohl er selbst es noch nicht ahnte. Aber er wusste auch, dass er ihn nicht entbehren konnte. Ohne diese Augen, in die er blicken konnte, würde er an die Zukunft denken und den Verstand verlieren. Er zog sich das Hemd aus, schob sich

45 vorsichtig auf der Planke vorwärts und band die Pfoten des Tieres fest. Am vierten Abend kam ein Frachter[6] vorüber. Seine Lichter waren abgeblendet. Senter schrie mit heiserer, sich überschlagender Stimme, so laut er konnte. Der Hund bellte schwach. Aber auf dem Frachter bemerkte man sie nicht. Als er vorüber war, ließ Senter in seiner Verzweiflung und Enttäuschung nicht ab zu rufen. Aber als er merkte, dass der Hund aufgehört hatte

50 zu bellen, hörte auch er auf zu rufen. Danach wusste er nicht mehr, was geschah, ob er lebendig war oder tot. Aber immer suchten seine Augen die Augen des Hundes ...
Der Arzt des Dampfers „Vermont", der zur Freude und Aufregung der Mannschaft einen jungen Kameraden und einen Hund auf der See entdeckt und sie hatte auffischen lassen, schenkte den abgerissenen Fieberfantasien des jungen Menschen keinen Glauben.

55 Denn danach hätten die beiden sechs Tage lang auf dem Wasser getrieben, und das war offenbar unmöglich. Er stand an der Koje und betrachtete den jungen Seemann, der den Hund in den Armen hielt, sodass eine Decke sie beide wärmte. Man hatte ihn erst beruhigen können, als auch der Hund gerettet war. Jetzt schliefen beide friedlich. „Können Sie das verstehen?", fragte der Arzt einen neben ihm stehenden Offizier. „Warum in aller

60 Welt ein junger Bursche, der den gewissen Tod vor Augen sah, sich solche Mühe gab, das Leben eines Hundes zu retten?"*

[6] der Frachter: ein Handelsschiff

Du kannst den Inhalt der Kurzgeschichte nun genauer untersuchen.

2 Notiere Stichworte zum Inhalt mit Hilfe der Handlungsbausteine.

Um den Ablauf der Handlung zu verstehen, musst du die Beziehung von Senter zu dem Hund genau untersuchen.
Du kannst dich am dargestellten zeitlichen Ablauf des Geschehens orientieren.

3 Der Ablauf des Geschehens erstreckt sich über mehrere Tage.
   a. Zeichne eine Tabelle in dein Heft oder auf ein Blatt.
   b. Beantworte die folgenden Fragen und schreibe deine Antworten in die Tabelle.
   – Welche vier Zeitabschnitte aus dem Leben der Hauptfigur
     werden genauer erzählt?
   – Was erfährst du an diesen Stellen über die Beziehung von Senter zu dem Hund?

Starthilfe

Zeitabschnitt	Beziehung von Senter zu dem Hund	Zeilenangabe
der Tag des Untergangs	Senter mag den Hund nicht ...	Z. 9 ...
der Nachmittag des zweiten Tages	...	...
...	...	...

4 Welche Funktion haben die dargestellten Zeitabschnitte für die Aussage des Textes? Schreibe einen Satz auf.

_____
_____
_____

5 Im Text werden nur einige Zeitabschnitte erzählt.
Welche Begründung findest du dafür?
Kreuze mehrere Möglichkeiten an.

☐ Dadurch wird die Geschichte spannender.

☐ Senter und der Hund ruhen sich in der Zwischenzeit aus.

☐ Die Leserinnen und Leser können sich ein eigenes Bild machen, wie Senter und der Hund um ihr Leben kämpfen.

Untersuche nun das Ende der Kurzgeschichte.

6 Der Arzt wundert sich am Ende der Kurzgeschichte über etwas.
   a. Lies noch einmal die wörtliche Rede in den Zeilen 58 bis 61.
   b. Was könntest du dem Arzt auf seine Frage antworten?
      Schreibe eine Antwort auf.

_____
_____
_____
_____

In der Kurzgeschichte „Der Retter" spielt auch die Erzählperspektive eine Rolle.

7 Untersuche die Erzählperspektive des Textes genauer.
  a. Bestimme die Erzählperspektive des Textes. Kreuze die richtige Antwort an.

  ☐ Erzählt wird aus der Perspektive eines Er-Erzählers, der selbst keine
  handelnde Figur ist. Er weiß aber, was die Figuren wissen, denken und fühlen.
  Den Ausgang der Geschichte und die Vorgeschichte der Figuren kennt er nicht.

  ☐ Der Ich-Erzähler ist selbst am Geschehen beteiligt und erzählt das Geschehen
  aus seiner Sicht.

  b. Belege deine Antwort mit passenden Textstellen.

8 Beschreibe die Wirkung der Erzählperspektive in deinem Heft oder auf einem Blatt.

In der Kurzgeschichte „Der Retter" kannst du Merkmale von Kurzgeschichten finden.

Kurzgeschichten handeln von einem kurzen Ausschnitt im Leben einer Figur.

9 Über welchen Zeitraum erstreckt sich die Handlung?
Unterstreiche auf Seite 37 Textstellen, die darüber Auskunft geben.
Tipp: Du kannst deine Ergebnisse aus Aufgabe 3 auf Seite 38 nutzen.

In der Handlung gibt es einen entscheidenden Moment, einen Wendepunkt.

10 Senter erkennt, dass der Hund bessere Chancen hat zu überleben als er selbst.
Notiere Stichworte zu den folgenden Fragen.
  a. Welche Auswirkungen hat dieser Moment auf Senters Verhalten?

  b. Welche Auswirkungen hat dieser Moment auf den weiteren Verlauf der Handlung?

Kurzgeschichten haben meist ein offenes oder überraschendes Ende.

11 Was passiert am Ende der Kurzgeschichte?
  a. Fasse das Ende der Kurzgeschichte in eigenen Worten zusammen.
  Schreibe in dein Heft oder auf ein liniertes Blatt.
  b. Warum ist dieses Ende überraschend?
  Schreibe eine Begründung auf.

Du hast nun wesentliche Merkmale von Kurzgeschichten im Text herausgearbeitet.

12 Fasse in einem kurzen Text zusammen, warum „Der Retter" eine Kurzgeschichte ist.
Verwende deine Ergebnisse von Aufgabe 9 bis 11.

Die Textzusammenfassung schreiben

> **Arbeitstechnik: Eine Textzusammenfassung schreiben**
>
> Eine Textzusammenfassung informiert kurz über den wesentlichen Inhalt eines Textes.
> – In der **Einleitung** nennst du den Autor, den Titel, die Textsorte und das Thema des Textes.
> – Im **Hauptteil** fasst du die wichtigsten Ereignisse der Handlung zusammen.
> – Schreibe sachlich.
> – Verwende keine wörtliche Rede.
> – Schreibe im Präsens, bei Vorzeitigkeit im Perfekt.
> – Am **Schluss** gehst du auf das Ende des Textes ein. Beziehe das Verhalten der Hauptfigur ein
> und äußere, wie du den Text verstanden hast.

Mit einer Textzusammenfassung kannst du andere über den Inhalt
der Kurzgeschichte „Der Retter" auf Seite 36 bis 37 informieren.

1. Schritt: Notizen zum Inhalt machen und ordnen

1 Fasse die wichtigsten Ereignisse der Kurzgeschichte in Stichworten zusammen.
  a. Teile die Kurzgeschichte in Handlungsabschnitte ein.
  b. Notiere zu jedem Abschnitt die wichtigsten Stichworte.

  Abschnitt 1 (Z. 1–8): Senter überlebt; er

2. Schritt: Die Einleitung formulieren

2 Formuliere den ersten Satz der Einleitung. Fasse darin die Angaben
  über den Autor des Textes, den Titel und die Textsorte zusammen.
  Schreibe den Satz in dein Heft oder auf ein liniertes Blatt.

  Starthilfe
  > Die ... mit dem Titel ... wurde von ...

3 Wie könntest du das Thema des Textes benennen? Schreibe es ebenfalls auf.
  Starthilfe
  > Es geht um einen Mann, der nach ... zusammen mit ...
  > Am Ende werden ...

3. Schritt: Den Hauptteil der Textzusammenfassung formulieren

4 In einer Textzusammenfassung verwendest du keine wörtliche Rede,
du kannst wichtige Aussagen der Figuren in indirekter Rede wiedergeben.
   a. Lies im Text auf Seite 37 noch einmal die Sätze mit wörtlicher Rede
   in den Zeilen 58 bis 61.
   b. Schreibe die Sätze in der indirekten Rede auf.

5 Formuliere nun den Hauptteil deiner Textzusammenfassung. Schreibe in dein Heft
oder auf ein liniertes Blatt. Verwende deine Stichworte aus Aufgabe 1.
   – Gib die Aussage des Arztes in indirekter Rede wieder oder umschreibe sie.
   – Verwende eigene Worte und achte auf eine sachliche Sprache.
   – Schreibe im Präsens, bei Vorzeitigkeit im Perfekt.

4. Schritt: Den Schluss formulieren

6 Formuliere nun deinen Schlussteil.
   – Schreibe auf, wie die Kurzgeschichte endet.
   – Äußere dich dazu, wie du die Kurzgeschichte verstanden hast.
   – Gehe auf das Verhalten der Hauptfigur ein und nimm Stellung dazu.

> **Starthilfe**
>
> Am Ende der Kurzgeschichte ... Man erfährt ...
> Meiner Meinung nach soll die Kurzgeschichte zeigen, ...
> Ich finde das Verhalten der Hauptfigur Senter ...

Nun kannst du deine Textzusammenfassung überarbeiten.

7 **a.** Überarbeite deine Textzusammenfassung mit Hilfe der Checkliste.
   b. Schreibe anschließend deine überarbeitete Textzusammenfassung auf.

Checkliste: Eine Kurzgeschichte zusammenfassen	Ja	Nein
– Habe ich in der Einleitung den Autor, den Titel, die Textsorte und das Thema genannt?	☐	☐
– Habe ich im Hauptteil die wichtigsten Handlungsschritte in eigenen Worten zusammengefasst?	☐	☐
– Habe ich im Schluss geschrieben, wie ich die Kurzgeschichte verstanden habe?	☐	☐
– Habe ich sachlich geschrieben und auf wörtliche Rede verzichtet?	☐	☐
– Habe ich im Präsens, bei Vorzeitigkeit im Perfekt geschrieben?	☐	☐
– Habe ich alles richtig geschrieben?	☐	☐

8 Was ist dir gut gelungen? Was möchtest du noch üben? Schreibe Stichworte auf.

Ein Gedicht analysieren

Das Gedicht lesen

Das Gedicht „Sehnsucht nach einer kleinen Stadt" von Mascha Kaléko entstand Anfang der 1930er-Jahre in Berlin.

1 Lies das Gedicht mehrmals.

Sehnsucht nach einer kleinen Stadt   Mascha Kaléko

Jetzt müßte man in einer Kleinstadt sein
Mit einem alten Marktplatz in der Mitte,
Wo selbst das Echo nächtlich leiser Schritte
Weithin streut jeder hohle Pflasterstein,

5 Wo vor dem Rathaus rostge[1] Brunnen stehen
In einem toten, längst vergeßnen Stil,
Wo selbst aus Erz die Statuen[2] mit Gefühl
Des Abends Liebespaare wandeln sehen,

Wo alte Höfe unentdeckt noch träumen,
10 Als wären sie von einer andern Welt,
Nur ab und zu ein Dackel leise bellt,
Und blonde Kinder spielen unter Bäumen.

Da blühn Geranien, Tulpen und Narzissen
Vor Fenstern winzig wie im Puppenhaus.
15 Zum ziegelroten Giebeldach heraus
Hängt buntkariert ein bäurisch[3] Federkissen.

Hier haben alle Menschen immer Zeit,
Als machte das Jahrhundert eine Pause.
Hier sitzt man noch auf Bänken vor dem Hause.
20 Und etwas abseits gibts noch Einsamkeit.

Nichts stört die klare Stille in der Nacht.
Wie unbegreiflich nah sind hier die Sterne.
Gespenstergleich verlischt die Gaslaterne,
Wenn familiär[4] der Mond herunterlacht.

25 Da scheint uns – fern von allem – vieles glatt,
Was man zuvor mit anderm Maß gemessen[5].
Man könnte wohl so mancherlei vergessen
In einer solchen braven kleinen Stadt. Ⓡ

1 rostge: rostige
2 die Statue: eine große Figur, die ein Künstler oder
  eine Künstlerin gemacht hat
3 bäurisch: hier: wie aus einem Bauernhaus
4 familiär: hier: vertraut, bekannt
5 mit anderm Maß gemessen: hier: anders beurteilt

2 a. Schließe die Augen und stelle dir die im Gedicht beschriebene Stadt vor.
   b. Was hast du in deiner Vorstellung gesehen, gehört oder gefühlt?
      Schreibe Stichworte auf.

_____

_____

3 Worum geht es deiner Meinung nach in dem Gedicht?
Kreuze richtige Antworten an.

☐ Jemand hat Angst vor dem Leben in einer Kleinstadt.

☐ Jemand lebt in einer Großstadt und möchte lieber in einer Kleinstadt leben.

☐ Jemand sehnt sich nach einem ruhigen Leben wie in einer Kleinstadt.

☐ Jemand fühlt sich gestört von den Geräuschen in einer Kleinstadt.

4 Wie stellst du dir das Leben in der Großstadt vor?
Schreibe es in dein Heft oder auf ein liniertes Blatt.

Das Gedicht untersuchen

Vers, Strophe, Reim und Metrum

1 Untersuche die Strophen des Gedichts.
Wie viele Strophen hat das Gedicht? Wie viele Verse hat jede Strophe?
Schreibe einen Satz auf.

_____

_____

2 Untersuche die Verse des Gedichts.
⊙ **a.** Welche Verse reimen sich in dem Gedicht? Markiere die Reimwörter.
  b. Ergänze den folgenden Satz.

  In _____ Strophen reimen sich immer Vers _____ und Vers _____ .

3 Untersuche das Metrum des Gedichts.
  a. Schreibe die erste Strophe in dein Heft oder auf ein liniertes Blatt.
  b. Lies die Verse laut und betont vor.
  c. Kennzeichne dabei die betonten (∕) und die unbetonten (∨) Silben.

  Starthilfe

  ∨ ∕ ∨ ∕ ∨ ∕ ∨ ∕ ∨ ∕
  Jetzt müßte man in einer Kleinstadt sein …

4 Prüfe, ob die Autorin für alle Verse dasselbe Metrum verwendet.
Beschreibe das Metrum. Ergänze dazu den Lückentext.

Die Autorin verwendet in allen Versen _____ Metrum.

Jeder Vers beginnt mit einer _____ Silbe, darauf folgt immer

eine _____ Silbe. Die Verse 1 und 4 jeder Strophe enden

mit einer _____ Silbe, die anderen Verse mit einer _____ Silbe.

5 Was könnten die Reime und das Metrum der Verse
in Bezug auf das Leben in einer Kleinstadt ausdrücken?
  a. Kreuze die richtigen Antworten an.

  ☐ In einer Kleinstadt ist alles viel hektischer als in einer Großstadt.

  ☐ In einer Kleinstadt ist es ruhig und die Menschen sind ausgeglichen.

  ☐ In einer Kleinstadt hat alles seine Ordnung.

  ☐ In einer Kleinstadt sind die Menschen unsicher.

  b. Begründe deine Antworten. Schreibe in dein Heft oder auf ein liniertes Blatt.

Das lyrische Ich

6 **a.** Lies noch einmal die erste und die fünfte Strophe.
Das lyrische Ich erkennst du in diesen Strophen
an dem Pronomen **man**.

b. Wen meint das lyrische Ich, wenn es **man** sagt?
Kreuze die richtige Antwort an.

☐ nur sich selbst

☐ sich selbst und die Leserinnen und Leser

7 In der letzten Strophe spricht das lyrische Ich auch von **uns**.
Was bedeutet es wohl, wenn aus **man** plötzlich **uns** wird?
Schreibe deine Vermutung auf.

_____

_____

_____

_____

8 In der ersten und in der letzten Strophe spricht das lyrische Ich im Konjunktiv.
Beantworte die folgenden Fragen.
– Was erfährst du dadurch über die Situation des lyrischen Ichs?
– Könnte das lyrische Ich etwas mit der Autorin gemeinsam haben?
Schreibe Sätze auf und begründe deine Antworten.
Tipp: Eine wichtige Information dazu findest du im Vorspann auf Seite 42.

_____

_____

_____

_____

_____

_____

_____

_____

_____

_____

_____

Sprachliche Bilder

9 Das Gedicht enthält Personifikationen.
    a. Lies noch einmal die Verse 7 bis 8, 9, 18 und 24.
    b. Markiere die Verben, durch die die Personifikationen entstehen.
    c. Wähle eine Personifikation aus und beantworte die folgenden Fragen.
       Schreibe Sätze auf.
       – Was wird in dem Vers vermenschlicht?
       – Welche Wirkung könnte die Personifikation haben?

10 Das Gedicht enthält in der vierten Strophe einen Vergleich mit **wie**.
    a. Lies noch einmal die vierte Strophe.
    b. Unterstreiche den Vergleich.
    c. Ergänze dann den folgenden Text mit den Wortgruppen vom Rand.

Das lyrische Ich vergleicht _____ eines Hauses

mit den _____ eines Puppenhauses.

Das deutet darauf hin, dass das Haus sicher _____ ist.

Es könnte damit auch ausgedrückt werden, dass die Menschen sich in diesem Haus

_____ . Erkennen kann man das auch daran, dass vor den Fenstern

_____

hängen und ein Bild von einem _____ entstehen lassen.

11 Wie wirkt das Bild einer Kleinstadt auf dich? Schreibe es in dein Heft oder auf ein
liniertes Blatt.

12 In der letzten Strophe bezeichnet das lyrische Ich die Stadt als „brav".
Was könnte damit gemeint sein? Schreibe deine Ideen auf.

Rechtschreibstrategien und Regeln

Gliedern  – verlängern – ableiten

Deutliches Sprechen und genaues Hinhören helfen dir
beim richtigen Schreiben. Viele Wörter schreibst du so,
wie du sie sprichst und hörst. Diese Wörter sind Mitsprechwörter.

1 Lies den folgenden Text.

Mein erster Tag im Praktikum

Irgendetwas geht immer schief. An meinem ersten Praktikumstag waren

es gleich mehrere Dinge. Als ich zur Bushaltestelle kam, standen dort schon

keine Fahrgäste mehr. Dummerweise hatte ich den Bus verpasst.

Ich musste zu Fuß den Berg hinunterlaufen. Deshalb kam ich zu spät

in das Kinderkrankenhaus, in dem ich mein Betriebspraktikum machte.

Niemand erwartete mich. Das war schon die erste Herausforderung.

Irgendwann fand ich dann den passenden Ansprechpartner.

2 Wo macht der Erzähler sein Praktikum?
Schreibe es in einem Satz auf.

3 a. Zeichne eine Tabelle in dein Heft oder auf ein Blatt.
   b. Sprich die im Text hervorgehobenen Wörter deutlich Silbe für Silbe.
   c. Zeichne Silbenbögen unter die Wörter.
   d. Schreibe die Wörter nach der Anzahl ihrer Silben in die Tabelle.
   Ergänze bei den Nomen die bestimmten Artikel.
   Zeichne Silbenbögen unter die Wörter.

Starthilfe		
drei Silben	**vier Silben**	**fünf Silben**
das Praktikum, …	…	…

4 a. Lies noch einmal aus jeder Spalte der Tabelle zwei Wörter.
   b. Schreibe sie auswendig in dein Heft oder auf ein liniertes Blatt.
   c. Zeichne Silbenbögen unter die Wörter.

Wörter mit **b**, **d**, **g** am Ende sind Nachdenkwörter.
Das Verlängern hilft dir, diese Wörter richtig zu schreiben.

5 **a.** Verlängere die Verbformen: Schreibe den Infinitiv auf.
b. Ergänze bei den Verbformen den fehlenden Buchstaben.

Im Praktikum erle__t Ben jeden Tag etwas Neues. _____

Die Ärztin zei__t ihm ein Überwachungsgerät. _____

Ein Mädchen hat eine schwere Krankheit besie__t. _____

Einem kranken Jungen gi__t Ben ein Glas Wasser. _____

Das Verlängern hilft dir auch, zusammengesetzte Nomen mit **b**, **d**, **g**
richtig zu schreiben. Dazu musst du die Wörter zerlegen.

6 **a.** Zerlege die zusammengesetzten Nomen.
b. Verlängere das erste Nomen: Schreibe den Plural auf.
c. Ergänze bei dem zusammengesetzten Nomen den fehlenden Buchstaben.
d. Schreibe das zusammengesetzte Nomen vollständig auf.

zusammengesetztes Nomen	Plural	richtige Schreibweise
die Schu*b*lade	*die Schübe*	*die Schublade*
die Sta__lampe		
die Wan__farbe		
das Bur__tor		
die Her__platte		

Wenn du unsicher bist, ob ein Wort mit **ä** oder **e**, mit **äu** oder **eu** geschrieben wird,
hilft dir das Ableiten, diese Nachdenkwörter richtig zu schreiben.

7 Lies den folgenden Text.

„Bei uns wird leider oft etwas gestohlen", berichtet eine Verk__ferin

aus der Bahnhofspassage dem ungl__bigen Kunden. Sie deutet

zu den Bahnsteigen. „Und heute ist dort drüben wohl ein Gep__ckstück

weggekommen. Einige L__te benehmen sich verd__chtig. Doch anderen

ist __ßerlich nicht anzumerken, ob sie ehrlich sind oder nicht.

Deshalb müssen wir gut aufpassen, damit ein T__ter gar keine Chance hat."

8 **a.** Prüfe, ob es zu den hervorgehobenen Wörtern verwandte Wörter mit **a** oder **au**
gibt. Schreibe die verwandten Wörter in dein Heft oder auf ein liniertes Blatt.
b. Ergänze in den hervorgehobenen Wörtern die fehlenden Buchstaben.
c. Schreibe den Text vollständig auf.

Mit Wortbausteinen üben

Mit Vorsilben und Nachsilben entstehen neue Verben, Nomen und Adjektive.
Die Schreibweise der Vorsilben und der Nachsilben bleibt immer gleich.

Mit der Vorsilbe **zer-** entstehen neue Verben mit einer anderen Bedeutung.

1 Bilde Verben mit der Vorsilbe **zer-** und schreibe sie auf.

| zer- | + | schneiden, sägen, splittern, reden, reißen, legen, laufen |

_____

_____

2 **a.** Lies die folgenden Sätze.
b. Setze passende Wörter aus Aufgabe 1 ein.
c. Bilde mit den übrig gebliebenen Verben aus Aufgabe 1 weitere Sätze.
Schreibe sie in dein Heft oder auf ein liniertes Blatt.

Um die Spülmaschine zu reparieren, muss man sie erst _____.

Im Sägewerk werden die Baumstämme _____.

Wir sollten den Vorschlag aufgreifen und ihn nicht _____.

Die Butter steht in der Sonne und ist schon ganz _____.

Mit der Vorsilbe **miss-/Miss-** können neue Verben und Nomen gebildet werden.

3 Bilde Verben mit der Vorsilbe **miss-** und schreibe sie auf.

| miss- | + | achten, gönnen, brauchen, raten, verstehen, trauen |

_____

_____

4 Bilde Nomen mit der Vorsilbe **Miss-** und schreibe sie mit bestimmtem Artikel auf.

| Miss- | + | das Verständnis, die Achtung, der Brauch, die Deutung, der Mut |

_____

_____

5 Lies die folgenden Sätze. Setze passende Wörter aus den Aufgaben 3 und 4 ein.

Das habe ich ganz anders gemeint, es handelt sich um ein _____.

Anne hat Chiaras Vertrauen _____.

Wer jedem _____, findet keine Freunde.

Die _____ der Verkehrsregeln kann zu Unfällen führen.

Das Wort **wider** hat die Bedeutung „gegen".
Alle Wörter mit dieser Bedeutung schreibt man mit langem **i** ohne **e**,
z. B. widersprechen = etwas dagegen sagen.

6 Aus Verben werden mit der Vorsilbe **wider-** neue Verben.
   a. Bilde mit der Vorsilbe neue Verben und schreibe sie untereinander auf.
   b. Schreibe jeweils die Bedeutung daneben.

| wider | + | spiegeln, rufen, stehen, setzen, fahren, legen |

Mit der Nachsilbe **-weise** werden Nomen und Adjektive
zu Adverbien (Umstandswörter).

7 Bilde zu den folgenden Nomen Adverbien mit der Nachsilbe **-weise**.
   Schreibe die Adverbien auf.
   Zwischen dem Nomen und der Nachsilbe musst du **en** oder ein **s** einfügen.

die Stufe, die Tonne, das Beispiel, die Ausnahme,
der Vergleich, der Übergang, die Etappe

stufenweise,

8 Bilde zu den folgenden Adjektiven Adverbien mit der Nachsilbe **-weise**.
   Schreibe die Adverbien auf.
   Zwischen dem Adjektiv und der Nachsilbe musst du **er** einfügen.

anständig, ärgerlich, bedauerlich, bemerkenswert, dumm,
ehrlich, erfreulich, fair, gerecht, gewöhnlich, nett, normal

9 Wähle aus den Aufgaben 7 und 8 jeweils drei Adverbien aus.
   Schreibe sinnvolle Sätze mit den Adverbien in dein Heft oder auf ein liniertes Blatt.

Regelwissen anwenden: Nomen großschreiben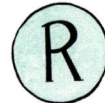

Tipps zum Erkennen von Nomen wiederholen

Nomen werden großgeschrieben.
– **Tipp 1:** Prüfe, ob mit dem Wort Lebewesen, Gegenstände oder Dinge bezeichnet werden.
– **Tipp 2:** Prüfe, ob das Wort einen Artikel (Begleiter) bei sich hat.
– **Tipp 3:** Prüfe, ob vor dem Wort ein Adjektiv steht.
– **Tipp 4:** Prüfe, ob vor dem Wort ein Pronomen steht.
– **Tipp 5:** Prüfe, ob das Wort die Nachsilbe **-ung**, **-heit**, **-keit**, **-schaft**, **-nis** oder **-tum** hat.
– **Tipp 6:** Prüfe, ob vor dem Wort eine Präposition steht.
– **Tipp 7:** Prüfe, ob vor dem Wort ein Zahlwort steht.
– **Tipp 8:** Prüfe, ob Verben oder Adjektive zu Nomen geworden sind.
– **Tipp 9:** Prüfe, ob ein Adjektiv ein Teil eines mehrteiligen Eigennamens ist.

1 Ordne die Nomen und die Wortgruppen mit Nomen vom Rand jeweils dem richtigen Tipp zu.
Tipp: Manche Nomen oder Wortgruppen passen zu mehreren Tipps.

ein Arzt
viele Igel
die Gemeinschaft
beim Essen
der Berg
das Schwarze Meer
das blaue Hemd
mein Bett
im Haus

Tipp 1: _____

Tipp 2: _____

Tipp 3: _____

Tipp 4: _____

Tipp 5: _____

Tipp 6: _____

Tipp 7: _____

Tipp 8: _____

Tipp 9: _____

2 Ergänze bei den Tipps eigene passende Nomen und Wortgruppen mit Nomen.

3 Wähle zwei Wortgruppen mit Nomen aus. Schreibe mit den Wortgruppen Sätze.

_____

_____

Im folgenden Text sind alle Nomen kleingeschrieben.
Du kannst sie mit Hilfe der Tipps erkennen.

4 **a.** Lies den Text.
b. Finde die Nomen mit Hilfe der Tipps und unterstreiche sie.
c. Schreibe die Nomen richtig auf.
Notiere dazu den Tipp oder die Tipps, die du beachtet hast.

Sommer (Tipp 6)

Im <u>sommer</u> war nico auf einer griechischen insel.

Mit seiner tante verbrachte er die tage am strand.

Er freute sich, denn das wasser war sehr warm.

Hinterher waren seine haare immer ganz struppig.

An einem tag erlebte nico etwas ganz besonderes.

Zu seiner überraschung kam plötzlich sein freund paul

an den strand. Die eltern von paul hatten ihm

ein flugticket geschenkt, sodass er zehn schöne ferientage

mit nico verbringen konnte. Seit diesem gemeinsamen urlaub

ist ihre freundschaft noch enger.

5 Schreibe den Text in der richtigen Groß- und Kleinschreibung auf.

weitere Übungen
zur Großschreibung ▶ S. 72

**Achtung:
Fehler!**

Du weißt bereits, dass Adjektive und Verben zu Nomen werden können.
An ihren Begleitern kannst du es erkennen.

Die Wörter **etwas**, **nichts**, **viel** und **wenig** machen Adjektive zu Nomen.

6 Bilde mit den Begleitern und den Adjektiven Wortgruppen.
  a. Schreibe die Wortgruppen auf.
  b. Schreibe zu jeder Wortgruppe einen Satz in dein Heft oder auf ein liniertes Blatt.

etwas nichts viel wenig	+	besonders gut neu bunt hübsch schlecht falsch

etwas Besonderes,
_____

_____

_____

_____

Die Wörter **das**, **beim** und **zum** beispielsweise machen Verben zu Nomen.

7 **a.** Lies den folgenden Text.
  b. Finde die nominalisierten Verben mit ihren Begleitern und unterstreiche sie.
  c. Schreibe den Text in dein Heft ab.

Meine Sneakers trage ich beim Skaten, beim Tanzen und beim Einkaufen.

Zum Arbeiten, zum Wandern und zum Spazierengehen ziehe ich lieber feste Stiefel an.

Das Rennen, das Laufen und das Bergsteigen sollen schließlich nicht zu Blasen

an den Füßen führen.

Oft wird zwischen Begleiter und nominalisiertem Verb ein weiteres Wort
eingeschoben.

8 Lies den folgenden Text.

Das stundenlange Stöbern in der Bibliothek macht mir großen Spaß.
Beim aufmerksamen Durchsehen der Regale kann man interessante Bücher entdecken.
Sich in der Bibliothek gut auszukennen, ist eine Hilfe
beim zielgerichteten Recherchieren. Wenn ich zum gründlichen Vorbereiten
eines Referats in die Bibliothek gehe, finde ich immer schnell, was ich suche.
Das genaue Lesen wird mir nie langweilig.

9 **a.** Schreibe die Wortgruppen, die im Text hervorgehoben sind, auf.
  b. Verbinde jeweils den Begleiter mit dem Nomen.

das stundenlange Stöbern
_____

_____

_____

Regelwissen anwenden: Wortgruppen getrennt schreiben

Im folgenden Text findest du Wortgruppen aus Verb + Verb.

1 Lies den Text.

Betty machte ihr Praktikum in einem Seniorenheim. Die Senioren sollten

viel spazieren gehen. Betty begleitete sie und musste oft mit ihnen stehen bleiben.

Eine Dame durfte immer auf ihrer Lieblingsbank sitzen bleiben. Betty konnte auch

die Pflege der Senioren kennen lernen. Abends war sie immer sehr müde.

Am liebsten wollte sie zu Hause gleich schlafen gehen.

2 Im Text ist eine Wortgruppe aus Verb + Verb hervorgehoben.
   a. Markiere die vier weiteren Wortgruppen aus Verb + Verb.
   b. Schreibe die Wortgruppen auf.

_____

_____

Die folgenden Sätze enthalten Wortgruppen aus Nomen + Verb.

3 In den Sätzen ist eine Wortgruppe aus Nomen + Verb hervorgehoben.
   Markiere die drei weiteren Wortgruppen aus Nomen + Verb.

Betty muss an der Essensausgabe in der Kantine Schlange stehen.

Am Ende des Praktikums wird sie von den Senioren Abschied nehmen.

Am Wochenende möchte Betty gern Rad fahren.

Oder sie fragt ihre Freundinnen, ob sie mit ihr Handball spielen.

4 Schreibe mit den Wortgruppen aus Aufgabe 3 eigene sinnvolle Sätze auf.

_____

_____

_____

_____

In den folgenden Sätzen fehlen Wortgruppen aus Adjektiv + Verb.

5 Ergänze passende Wortgruppen aus Adjektiv + Verb vom Rand.

Im Praktikum möchte Betty alles _____.

Die Senioren würden ihr nie _____.

Beim Mittagessen sollte am besten nichts _____.

Betty möchte bei der Arbeit nichts _____.

Damit der alte Herr etwas hört, soll Betty das Radio _____.

Eine erkrankte Dame wird hoffentlich bald _____.

Nun kannst du üben, Wortgruppen aus Verb + Verb, Nomen + Verb und Adjektiv + Verb richtig zu schreiben.

6 Ergänze in den folgenden Sätzen passende Wortgruppen vom Rand.

Wenn jemand einen Witz erzählt, muss ich _____.

Wenn wir Bus fahren, sollten wir beim Aussteigen nichts _____.

Wenn es im Winter schneit, möchten viele Menschen _____.

Wenn wir etwas leicht Brennbares liegen lassen, kann es _____.

7 Ordne die Wortgruppen aus dem Kasten richtig in die Tabelle ein.

laufen lernen, Auto fahren, stehen bleiben, rückgängig machen,
Fußball spielen, traurig werden

Verb + Verb	Nomen + Verb	Adjektiv + Verb
laufen lernen		

8 Schreibe mit den Wortgruppen aus der Tabelle sinnvolle Sätze auf.

_____

_____

_____

_____

_____

_____

_____

Regelwissen anwenden: Zusammenschreibung

Merkwissen

- Adjektiv + Verb werden zusammengeschrieben, wenn das zusammengesetzte Verb eine neue Bedeutung hat: schwer + fallen → schwerfallen → Mühe bereiten.
- Nomen + Verb bilden mit Hilfe der Wörter **das, zum, beim, im, am** und **vom** zusammengesetzte Nomen: Rad fahren → das Radfahren.
- Aus Wortgruppen können Zusammensetzungen werden: rot wie Feuer → feuerrot.

In den folgenden Sätzen sind die aus Adjektiv + Verb zusammengesetzten Verben hervorgehoben.

1 Lies die Sätze.

Ich hoffe, die Arbeit in der Fahrradwerkstatt wird mir nicht schwerfallen.
Die Werkstatt soll einem Kunden einen zu viel gezahlten Betrag gutschreiben.
Wegen meiner fiebrigen Erkältung muss ich kürzertreten.
Alle wichtigen Erfahrungen muss ich für meinen Bericht festhalten.
Dann werde ich mich beim Schreiben des Berichts leichttun.
Manche Verben muss ich immer zusammenschreiben.

2 Was bedeuten die zusammengesetzten Verben in den Sätzen?
Schreibe die Verben mit der richtigen Bedeutung aus dem Kasten auf.

> Mühe bereiten, keine Probleme mit etwas haben,
> in einem Wort schreiben, aufschreiben/sich merken,
> sich etwas zurückhalten, eine Gutschrift geben

schwerfallen: Mühe bereiten

_____

_____

_____

_____

_____

3 Wähle drei zusammengesetzte Verben aus.
Schreibe mit den zusammengesetzten Verben sinnvolle Sätze auf.

_____

_____

_____

_____

In den folgenden Sätzen fehlen zusammengesetzte Nomen aus Nomen + Verb.

4 **a.** Lies die Sätze.

b. Setze passende zusammengesetzte Nomen vom Rand ein.

In Gefahrensituationen ist _____ wichtig.

Sina trifft sich heute mit ihren Freundinnen _____ .

_____ ist für manche Menschen eine Last.

Mein Rücken tut mir _____ weh.

An meinem Geburtstag lade ich alle meine Freunde _____ ein.

Zu meinen Aufgaben in der Familie gehört _____ .

Sobald die Früchte reif sind, gehen wir _____ .

_____ habe ich Blasen an den Händen.

_____ schaut Jana am liebsten aus dem Fenster.

vom Rucksacktragen

zum Volleyball-
spielen

das Verantwortung-
tragen

das Ruhebewahren

zum Kuchenessen

zum Kirschen-
pflücken

vom Schnee-
schaufeln

das Tischabdecken

beim Zugfahren

Viele Zusammensetzungen entstehen auch aus Wortgruppen.

5 Bilde aus den folgenden Wortgruppen Zusammensetzungen und schreibe sie auf.

grün wie Gras: _____

blau wie der Himmel: _____

schön wie ein Wunder: _____

kalt wie Eis: _____

so tief, dass es bis zum Knie reicht: _____

lang wie ein Arm: _____

gefährlich wie ein Brand: _____

6 Schreibe mit den Zusammensetzungen aus Aufgabe 5 sinnvolle Sätze auf.

_____

_____

_____

_____

_____

_____

_____

_____

Regelwissen anwenden:
Getrennt- und Zusammenschreibung
von Straßennamen

Eine Klasse aus Rostock steht am Marienplatz in München.
Die Schülerinnen und Schüler wollen zu einem bekannten Filmtheater laufen.
Ein junger Mann beschreibt ihnen den Weg.

1 Lies den folgenden Text.

Geht die Dienerstraße entlang. Folgt dann weiter geradeaus der Residenzstraße.
Rechts seht ihr bald den Max-Joseph-Platz. Wenn ihr am Odeonsplatz angekommen
seid, biegt ihr links in die Brienner Straße ein. Folgt dieser, biegt also nicht
in den Oskar-von-Wimmer-Ring ab, sondern geht weiter geradeaus
über den Karolinenplatz und über den Königsplatz. Am Stiglmaierplatz geht ihr
geradeaus in die Nymphenburger Straße. Folgt ihr bis zur Hausnummer 31.

2 Im Text sind die Straßennamen hervorgehoben. Ordne sie zu und schreibe sie auf.

getrennt geschriebene Straßennamen: _____

_____

Straßennamen mit Bindestrich: _____

_____

zusammengeschriebene Straßennamen: _____

_____

_____

3 **a.** Bilde Straßennamen, indem du die Nomen zusammensetzt.
  b. Schreibe die Straßennamen in dein Heft oder auf ein liniertes Blatt.

  Friesen, Schloss, Ost   +   Straße, Weg, Ring

4 **a.** Bilde Straßennamen mit einem Ortsnamen und -er.
  b. Schreibe die Straßennamen in dein Heft oder auf ein liniertes Blatt.

  Augsburg, Nürnberg, München   +   Straße, Platz, Allee

5 **a.** Suche in einem Stadtplan vier Straßennamen aus mehrteiligen Personennamen.
  b. Schreibe die Straßennamen ebenfalls auf.

Regelwissen anwenden: Der Bindestrich

1 Lies die folgenden Sätze. Setze passende Zusammensetzungen vom Rand ein.

Felix findet auf dem Gehsteig _____ .

Diese Tonleiter soll ich jeden Tag _____ spielen.

Hoffentlich gibt es auf der Skihütte _____ .

Marlene kauft eine Karte für _____ .

> ein 10-Cent-Stück
> eine WLAN-Verbindung
> die Berg-und-Tal-Bahn
> 10-mal

2 Schreibe die folgenden Zusammensetzungen richtig auf.

> das MAI JUNI HEFT, das KOPF AN KOPF RENNEN, der TRIMM DICH PFAD,
> der 8 ZYLINDER, der S BAHN ZUG, die MUND ZU MUND BEATMUNG,
> der USB STICK, der U BAHN TUNNEL, die 14 JÄHRIGE

_____

_____

_____

_____

3 Schreibe die folgenden Wortgruppen ohne Wortwiederholung auf.
Ersetze das jeweils gemeinsame Wort durch einen Bindestrich.

hinlaufen und herlaufen: _____

die Vordereingänge und Hintereingänge: _____

einräumen und ausräumen: _____

der Busverkehr und Bahnverkehr: _____

beladen und entladen: _____

die Hauptstraßen und Nebenstraßen: _____

die Großschreibung und Kleinschreibung: _____

4 Schreibe mit den Zusammensetzungen aus Aufgabe 3 Sätze in dein Heft oder auf ein
liniertes Blatt.

Merkwörter üben

Wörter, deren Schreibung du nicht durch Strategien oder Regeln herleiten kannst, sind Merkwörter.

Viele Merkwörter sind Fremdwörter. Übe sie immer wieder.

Viele Wörter, die mit **v/V** beginnen, sind Fremdwörter.

1 Welche Bedeutung haben die Fremdwörter mit **v/V** am Rand?
Schreibe sie mit Artikeln zu den passenden Bedeutungen.
Tipp: Du kannst im Wörterbuch nachschlagen.

der Pflanzenwuchs – _____

ein Blutgefäß – _____

eine Absperrvorrichtung – _____

ein Lüfter – _____

lebenswichtige Nahrungsbestandteile – _____

veränderlich – _____

der luftleere Raum – _____

der Selbstlaut – _____

der Feuer speiende Berg – _____

die Erscheinung – _____

das Tätigkeitswort – _____

der Rauminhalt – _____

das Ventil
die Vegetation
die Vene
variabel
die Vitamine
der Ventilator
das Verb
das Vakuum
der Vulkan
der Vokal
das Volumen
die Vision

2 Ergänze die Sätze mit passenden Fremdwörtern aus der Aufgabe 1.

Der Regenwald zeichnet sich durch eine üppige _____ aus.

Der Berg Vesuv in der Nähe der Stadt Neapel ist ein _____.

Bei sommerlicher Hitze verschafft ein _____ Kühlung.

Wenn der Fahrradreifen platt ist, kann das _____ kaputt sein.

Unsere Ernährung sollte ausreichend viele _____ enthalten.

Der Fachausdruck für den Rauminhalt eines Körpers ist _____.

Ein zum Herzen führendes Blutgefäß wird _____ genannt.

Die Buchstaben a, e, i, o und u sind _____.

Manche Menschen haben bestimmte _____ für ihre Zukunft.

Die Teile einer Einbauküche können _____ zusammengesetzt werden.

Im Nebensatz steht das gebeugte _____ am Ende.

Ein luftleerer Raum ist ein _____.

Der Vulkan Vesuv bei Neapel in Italien

Kurzformen und Abkürzungen richtig schreiben

In vielen Anzeigen findest du Abkürzungen.

1 Lies die folgenden Kleinanzeigen.

> Azubi für Kfz-Lackiererei
> ab Sept. gesucht
> FS vorteilhaft
> Autohaus Grünauer

> Kfm. Nebenjob,
> evtl. auch TZ möglich,
> EDV-Kenntnisse
> Druckerei Röll

2 **a.** Welche Abkürzungen findest du in den Kleinanzeigen?
Schreibe sie jeweils auf eine Linie.

b. Wofür stehen die Abkürzungen? Schreibe die Bedeutungen neben die Abkürzungen.

_____   _____

_____   _____

_____   _____

_____   _____

3 Was bedeuten die folgenden Abkürzungen?
Ordne die Bedeutungen vom Rand zu und schreibe sie auf.

Abb.	_____	b. w.	_____
d. h.	_____	EU	_____
Mrd.	_____	Navi	_____
Info	_____	z. T.	_____

das heißt

bitte wenden

das Navigationsgerät

die Milliarde

die Europäische Union

zum Teil

die Abbildung

die Information

4 **a.** Lies die folgenden Sätze.

b. Schreibe in die Klammern die passenden Abkürzungen.

Wenn man zum Beispiel (_____) eine Ausbildung

zum Kraftfahrzeug(_____)-Mechatroniker machen möchte,

sollte man den Mittlere-Reife (_____)-Zug erfolgreich abschließen.

Groß- oder Kleinschreibung?

1 Lies den folgenden Text.

Voraussetzung für das Bauen eines Iglus in einer Schneelandschaft ist das Suchen eines geeigneten Platzes. Hat man ihn gefunden, folgt das Zeichnen einer kreisrunden Fläche, die so groß wie der spätere Igluboden sein muss. Dabei ist die Verwendung von Skistock und Schnur hilfreich. Danach folgt das Ausschneiden von Schneeblöcken. Beim Stapeln der Blöcke ist zu beachten, dass die Mitte der Blöcke die gekennzeichnete Linie berührt. Die unterste Blockreihe trägt alle anderen Blöcke und muss deshalb ganz stabil sein. Das Beste ist eine leichte Neigung nach vorn.

2 **a.** Unterstreiche im Text vier Nomen mit typischen Nachsilben.
b. Schreibe die Wörter mit dem bestimmten Artikel auf.

/4 Punkte

3 **a.** Unterstreiche im Text fünf nominalisierte Verben.
b. Schreibe die Wörter mit dem bestimmten Artikel auf.

/5 Punkte

4 **a.** Unterstreiche im Text ein nominalisiertes Adjektiv.
b. Schreibe das Wort mit dem bestimmten Artikel auf.

/1 Punkt

5 **a.** Lies die Fortsetzung des Textes.
b. Finde acht Fehler in der Großschreibung. Unterstreiche die Fehlerwörter.
c. Schreibe die Fehlerwörter in deinem Heft richtig auf.

/8 Punkte

Auf die erste blocklinie werden nun von innen weitere Blöcke in einer Spirale gesetzt. Der iglubaumeister baut sich also selbst zu. Er muss darauf achten, dass alle Blöcke Kontakt zueinander haben. Wenn der Iglubaumeister im Iglu stehen kann, setzt er von innen den letzten Block. Den schiebt er mit der schmalen seite durch das Loch und setzt ihn mit der breiteren Seite in die Lücke. Nun sorgen löcher und Spalten noch für Zugluft. Deshalb müssen alle öffnungen mit Schnee verschlossen werden. Zum schluss gräbt man den eingang, der tiefer liegt als der Boden, damit die warme luft nicht aus dem Iglu verschwindet.

Achtung: Fehler!

Gesamt: /18 Punkte
Auswertung ► **Lösungsheft**

Getrennt oder zusammen?

1 Lies den folgenden Text.

Ein Skigebiet in den Koh-e-Baba-Bergen Afghanistans könnte den verarmten

Bergbauern im Winter zu einem Einkommen verhelfen, wenn ihre Felder ungenutzt

liegen + bleiben _____. Die Politiker wollen den Tourismus

in diesem Gebiet kräftig + ankurbeln _____. Bei Reiterspielen

5 und Festivals sollen die Touristen künftig Schlange + stehen _____.

Besonders zählt man auf die Jugendlichen, die nicht locker + lassen _____

und mit großem Einsatz Ski + fahren _____ lernen.

Viele junge Afghanen dachten, dass sie wie ihre Väter und Großväter Kartoffeln +

anbauen _____ müssten. Der 19-jährige Sayed Ali Shah

10 traf schließlich den Bergführer Ferdinando Rollando und ließ sich

gut + zureden _____, das Ski + laufen _____

zu lernen. Rollando versprach ihm, dass ihm dieser Sport nicht schwer +

fallen _____ werde. Inzwischen konnte Sayed Ali Shah

tatsächlich neu + anfangen _____ und trainiert die Jugend

15 aus der Gegend. Auch junge Bergführer werden ausgebildet. Bald werden sie

Gruppen von Wanderern willkommen + heißen _____ und

in die Berge begleiten. Und die Schafhirten im Tal sind für den Fall vorbereitet,

dass sie Touristen in den Bergen Hilfe + leisten _____ müssen.

Auch wenn manche vor dieser Entwicklung Angst + haben _____,

20 muss die afghanische Bergbevölkerung nicht schwarz + sehen _____,

sondern kann für ihre Zukunft Hoffnung + schöpfen _____.

2 Getrennt oder zusammen?
Setze die im Text hervorgehobenen Wortgruppen richtig in die Lücken ein.

/ 15 Punkte

Adjektiv + Verb werden zusammengeschrieben, wenn das zusammengesetzte Verb
eine neue Bedeutung hat.

3 Was bedeuten die folgenden zusammengesetzten Verben?
Schreibe die Bedeutungen auf.

/3 Punkte

glattgehen: _____

hochrechnen: _____

krankschreiben: _____

Aus Wortgruppen können Zusammensetzungen entstehen.

4 Bilde aus den Wortgruppen Zusammensetzungen.
Schreibe die Zusammensetzungen auf.

glatt wie ein Spiegel: _____

einen Finger breit: _____

so hoch, wie ein Mann groß ist: _____

süß wie Zucker: _____

gegen Hitze beständig: _____

blond wie Stroh: _____

/6 Punkte

Bindestriche machen Wortzusammensetzungen übersichtlicher.

5 Schreibe die folgenden Zusammensetzungen richtig auf.

die EMAILADRESSE: _____

RHEINLANDPFALZ: _____

12TÄGIG: _____

der ERSTEHILFEKURS: _____

80PROZENTIG: _____

die DIETRICHBONHOEFFERALLEE: _____

die WLANVERBINDUNG: _____

die SBAHN: _____

die XXLMODE: _____

/9 Punkte

Einen Bindestrich setzt man auch, um Wortwiederholungen zu vermeiden.

6 Ersetze das jeweils gemeinsame Wort durch einen Bindestrich.

die Einfahrt und die Ausfahrt: _____

der Einkauf und der Verkauf: _____

hinrennen und herrennen: _____

die Weltmeisterschaft und die Europameisterschaft: _____

_____

die Sonnenenergie oder die Windenergie: _____

_____

die Wandfliesen und die Bodenfliesen: _____

_____

/6 Punkte

Gesamt: ___ /39 Punkte

Auswertung ► **Lösungsheft**

Der Rechtschreib-Check

Überprüfe, wie gut du Rechtschreibstrategien und Regeln anwenden kannst.

1 Ergänze die folgenden Sätze.

Viele Wörter schreiben wir so, wie wir sie sprechen und hören.

Diese Wörter sind _____.

Bei manchen Wörtern hörst du nicht, wie du sie schreiben musst.

Rechtschreibhilfen helfen dir, diese _____

richtig zu schreiben.

_____ sind Wörter, deren Schreibweise du

nicht durch Strategien oder Regeln herleiten kannst.

/3 Punkte

2 Wie gut beherrschst du die Rechtschreibstrategien?
Schreibe zu jeder Strategie zwei passende Beispiele auf.

Gliedern in Sprechsilben   _____

Wörter verlängern   _____

Wörter ableiten   _____

Wortbausteine   _____

/8 Punkte

Welche Strategie hilft dir bei der Schreibung der hervorgehobenen Wörter?

3 **a.** Überprüfe die Schreibweise der hervorgehobenen Wörter.
  b. Schreibe die Fehlerwörter richtig auf.
    Ergänze in den Klammern die passende Strategie.

/9 Punkte

Das Referat

Nico soll morgn _____ (_____) ein Referat halten.

Er hat sich sorgfeltik _____ (_____) vorbereitet.

Hoffentlich zahlt sich seine gründlichkeit _____ (_____)

aus. In seinem Referat stelt _____ (_____)

er die Griechische Lantschildkröte _____ (_____)

vor, die ganz ungefehrlich _____ (_____) ist.

Seine Tante besaß schon als Kint _____ (_____) solch ein Tier.

Nico hat zehn Fotos, die er mitnehmn _____ (_____) will.

Es wird schon alles klapen _____ (_____), denkt er.

Achtung: Fehler!

Der folgende Text enthält Rechtschreibfehler.
Mithilfe der Strategien kannst du sie finden und korrigieren.

4 **a.** Lies den Text.
    b. Unterstreiche die Fehlerwörter.
    c. Schreibe den Text fehlerfrei auf.

[ ] / 16 Punkte

Die Radtour

Dilaria und Irina haben eine Radtour geplant.

Sie wollen ein Stück am Bodnsee entlangfahren.

Bald geht die unternehmung los. Irinas Bruder darf schon Auto fahren

und brinkt die Mädchen mit den Fahrredern zum Bahnhof.

5   In ihrem Zukabteil sitzt nur ein Fahrgast. Er sieht mismutig aus.

Glücklicherwaise haben Dilaria und Irina Fensterpletze gebucht.

Die beiden betrachten die vorbeiziehende landschaft.

Nach zwei Stunden sind sie da. Die Mädchen könen nicht wiederstehen und

kaufen sich an der Uferpromenade erst einmal ein Eis.

10   Dann müssen sie sich aber beilen. Bis zum Abentbrot wollen sie

in der Jugendherberge an der Burkruine sein.

Dort angekommen ist die Müdigkeid groß. Erschöpft falen die beiden

in ihre Betten und schlafen sofort ein.

Achtung: Fehler!

Gesamt: [ ] /36 Punkte

Auswertung ➤ **Lösungsheft**

Zeichensetzung

Komma in Infinitivsätzen

1 Lies den folgenden Text.

Fotografie im Wandel

Weißt du, wie deine Großeltern und Eltern früher fotografiert haben? Damals brauchte man noch Filme, um zu fotografieren. Darauf hatten oft nur 36 Fotos Platz, manchmal auch nur 8 oder 12. Deshalb konnte man kaum fotografieren, ohne vorher das Motiv sorgfältig ausgewählt zu haben. Der Film wäre sonst schnell

5 voll gewesen. Heute haben auf winzigen Speicherkarten mehrere Tausend Fotos Platz. Damals musste man die Fotos entwickeln lassen, anstatt sie gleich auf dem Display zu betrachten. Erst Tage später wusste man, ob die Bilder auch gelungen waren.

Mit der Erfindung der Digitalkamera am Ende des 20. Jahrhunderts gab es für die Fotografie völlig neue Möglichkeiten. Bis dahin musste man die Bilder erst

10 einscannen um sie auf dem PC zu speichern. Jetzt kann man sie von der Kamera direkt auf den PC übertragen. Heute nutzt man oft Bildbearbeitungsprogramme anstatt die Kameraeinstellungen ständig zu verändern. In den sozialen Netzwerken kann man seine Fotos sofort mit Freunden teilen ohne großen Aufwand zu treiben.

Achtung: Fehler!

2 Seit wann gibt es Digitalkameras? Markiere die Antwort im Text.

3 Im ersten Teil (Z. 1–7) findest du drei Infinitivsätze.
   a. Unterstreiche in diesen Sätzen die Verben im Infinitiv und die Wörter **um ... zu**, **ohne ... zu** und **anstatt ... zu**.
   b. Markiere die Kommas vor **um, ohne, anstatt**.

4 Im zweiten Teil (Z. 8–13) fehlen die Kommas. Setze die Kommas.

5 **a.** Schreibe die Infinitivsätze aus dem zweiten Absatz in deinem Heft auf.
   b. Unterstreiche **um, ohne, anstatt** sowie **zu + Infinitiv** und markiere die Kommas.

Komma bei dass, weil, als, obwohl

1 Lies den folgenden Text.

Ayses Gitarre

Ayse mag Musik und hat schon eigene Lieder geschrieben. Sie erzählt oft,

dass sie sich beim Singen auf der Gitarre begleiten möchte.

Ihr Bruder besorgt heimlich eine gebrauchte Gitarre, weil er ihr helfen will.

Ayse ist glücklich als er ihr das Instrument überreicht. Er sagt ihr auch dass sie

im Internet Anleitungen zum Spielen finden kann. Die ersten Versuche klingen

gar nicht schlecht obwohl Ayse noch viel üben muss.

Achtung: Fehler!

2 Im Text findest du Sätze mit **dass, weil, als** und **obwohl**.
   a. Unterstreiche in diesen Sätzen **dass, weil, als** und **obwohl**.
   b. Markiere im ersten Absatz die Kommas.

3 Im zweiten Absatz fehlen Kommas.
   Setze die Kommas.

Die Nebensätze können auch vor den Hauptsätzen stehen.

4 **a.** Stelle die Sätze aus dem Text so um, dass die Nebensätze
          vor den Hauptsätzen stehen.
          Schreibe deine Sätze in dein Heft oder auf ein liniertes Blatt.
          Tipps: Beginne mit der Konjunktion.
                  Zwischen den gebeugten Verben steht ein Komma.
   b. Unterstreiche die gebeugten Verbformen und markiere die Kommas.

   Starthilfe

   Dass sie sich beim Singen auf der Gitarre begleiten möchte, erzählt Ayse oft. ...

5 Schreibe den Text „Ayses Gitarre" in dein Heft oder auf ein liniertes Blatt.
   Setze alle Kommas.

6 Bilde aus den beiden folgenden Sätzen Satzgefüge.
   a. Wähle zwei passende Konjunktionen aus.
   b. Schreibe die Sätze in dein Heft oder auf ein liniertes Blatt.
   c. Unterstreiche die gebeugten Verbformen und markiere die Kommas.

   Ayse freut sich. Sie kann zwei Lieder spielen.

Komma in Relativsätzen

1 Lies den folgenden Text.

Vor dem großen Auftritt

(1) Lia, Ayse und Marko spielen in einer Band. Die Band, die sie gegründet haben,

heißt Okesai. Der Name, der aus den letzten Buchstaben ihrer Vornamen

besteht, gefällt ihnen sehr. Ayse singt und spielt auf ihrer neuen Gitarre,

die sie geschenkt bekommen hat. Lia spielt auf einem Schlagzeug,

das vom Förderverein gespendet wurde. (2) Marko begleitet sie mit dem Bass

der seinem Onkel gehört. Sie üben für den großen Auftritt der im Juni sein wird.

Alle drei sind sehr aufgeregt. Viele Menschen die sie kennen kommen dorthin.

Am 2. Juni um 17 Uhr
Schulfest Nordschule

Achtung:
Fehler!

2 Im Text findest du mehrere Relativsätze.
Sie stehen in der Mitte oder am Ende eines Satzgefüges.
   a. Unterstreiche in jedem Relativsatz die Relativpronomen der, das, die oder die.
   b. Markiere im ersten Teil (1) die Kommas vor und nach dem Relativsatz.

3 Im zweiten Teil (2) fehlen in den Relativsätzen die Kommas.
   a. Setze die Kommas.
   b. Unterstreiche die Relativpronomen und markiere die Kommas.

4 **a.** Schreibe den Text „Vor dem großen Auftritt" in dein Heft oder auf ein liniertes Blatt.
   Setze alle Kommas.
   b. Unterstreiche die Relativpronomen und markiere die Kommas.

5 **a.** Verbinde die folgenden Satzanfänge mit den passenden Relativsätzen.
   b. Schreibe die vollständigen Sätze in dein Heft oder auf ein liniertes Blatt. Achte auf
   die Kommasetzung.
   c. Markiere die Kommas.

Die Band braucht einen Probenraum,	das den Auftritt ankündigt.
Lia gestaltet ein Plakat,	der gut schallgedämmt ist.
Marko freut sich auf die Probe,	die sie unterstützt haben.
Die drei danken allen Fans,	die heute Abend stattfindet.

6 Formuliere deine Sätze aus Aufgabe 5 so um, dass der Relativsatz in der Mitte des
Satzes steht.
Schreibe die umformulierten Sätze ebenfalls auf. Achte auf die Kommasetzung.

Bilde nun Satzgefüge mit Relativsätzen und setze die Kommas.

7 Bilde mit Hilfe der Satzschalttafel Satzgefüge mit Relativsätzen.
- **a.** Schreibe die Satzgefüge in deinem Heft auf. Achte auf die Kommasetzung.
- **b.** Unterstreiche die Relativpronomen.
- **c.** Markiere die Kommas.

Es ist ein komischer Bandname	der	aus Buchstaben ihrer Namen besteht. vielen zuerst ungewohnt vorkommt. ihnen trotzdem sehr gut gefällt.
Schon seit einem Jahr gibt es die Schulband Es gibt keine andere Schulband	, die	Okesai heißt. Lia, Ayse und Marko gegründet haben. bald auf dem Schulfest spielt.
Alle freuen sich auf das Schulfest Die Bürgermeisterin besucht das Schulfest	das	im Juni stattfinden soll. schon lange geplant wurde. in diesem Jahr zum zehnten Mal stattfindet.

8 Verbinde die folgenden Sätze zu Satzgefügen mit Relativsätzen.
Tipp: Im Relativsatz steht die gebeugte Verbform an letzter Stelle.
- **a.** Schreibe die Satzgefüge auf. Achte auf die Kommasetzung.
- **b.** Unterstreiche das Relativpronomen und markiere die Kommas.

Lampenfieber ist ein Gefühl. Das habe ich vor jedem Auftritt.
Ayse übt zwei Lieder. Sie sind noch neu.
Die Gitarre hat eine schöne Farbe. Sie erinnert an Honig.
Lia übt auf ihrem Schlagzeug. Es steht im schallgedämmten Keller.
Es gibt drei Scheinwerfer. Die Scheinwerfer beleuchten die Bühne.
Vor der Bühne stehen die Fans. Die Fans sind sehr gespannt.

Lampenfieber ist ein Gefühl, das ich vor jedem Auftritt habe.

9 Verbinde die folgenden Sätze zu Satzgefügen mit Relativsätzen. Der Relativsatz soll in der Mitte stehen. Es gibt jeweils zwei Möglichkeiten.
- **a.** Schreibe die Satzgefüge auf. Achte auf die Kommasetzung.
- **b.** Unterstreiche das Relativpronomen und markiere die Kommas.

Der Songtext hat zwei neue Strophen. Der Songtext stammt von Ayse.
Der Vorhang ist aus schwarzem Samt. Der Vorhang fällt in Falten auf die Bühne.

Der Songtext, der

Zeichensetzung beim Zitieren

Tülin hat die Geschichte „Ein Montagmorgen im Bus" untersucht.
Ihre Aussagen hat sie mit Zitaten (Textstellen) belegt.

1 a. Lies den Anfang der Geschichte.
b. Lies dann den Ausschnitt aus Tülins Text.

Ein Montagmorgen im Bus   Pattie Wigand

Es waren drei kleine Wörter, die ein Wunder bewirkten.
Als ich in den Bus stieg, schien die Sonne. Bei einem Blick
aus dem Fenster des 151ers zeigte sich freilich
der Chicagoer Winter von seiner schmutzigsten Seite –
5 kahle Bäume, Schneematsch, die Autos voller
Streusalzspritzer.
Der Bus fuhr mehrere Kilometer am Lincolnpark entlang,
aber niemand schaute hinaus. Wir, die Fahrgäste,
saßen in dicken Mänteln dicht nebeneinander und dösten
10 zum eintönigen Rattern des Motors in der stickigen,
überheizten Luft. Kein Mensch sprach. Das gehörte zu
den ungeschriebenen Regeln des Chicagoer Berufsverkehrs.
Zwar begegneten uns jeden Tag dieselben Gesichter,
aber wir versteckten uns lieber hinter unseren Zeitungen.
15 Konnte etwas symbolträchtiger sein? Menschen,
die nebeneinandersaßen, hielten mit dünnen Bogen Papier
Distanz.

2 In Tülins Text ist ein Zitat markiert.
a. Finde diese Textstelle in der Geschichte.
Markiere sie.
b. Schreibe den Satz aus Tülins Text mit dem Zitat ab.
c. Kreise die Anführungszeichen ein.

Mit dem Satz

Mit dem Satz „Es waren drei kleine Wörter,
die ein Wunder bewirkten" (Z. 1) wird
der Leser mitten in die Handlung hineingeführt
und neugierig auf das Kommende gemacht.
Zuerst beschreibt der Ich-Erzähler
die hässliche Seite des Winters in Chicago:
„kahle Bäume, Schneematsch, die Autos
voller Streusalzspritzer" (Z. 5-6).
Die Menschen im Bus nehmen das aber nicht
wahr, denn während sie am Lincolnpark
entlangfahren, schaut keiner aus dem Fenster.
Im Bus passiert zunächst nichts Besonderes,
alle sind still mit sich selbst beschäftigt:
„Kein Mensch sprach." (Z. 11)
Der Ich-Erzähler ist ein genauer Beobachter.
Er sieht das alltägliche Verhalten der Fahrgäste
kritisch und schließt sich selbst dabei mit ein:
„Zwar begegneten uns jeden Tag dieselben
Gesichter, aber wir versteckten uns lieber
hinter unseren Zeitungen." (Z. 13-14)

3 a. Finde in Tülins Text weitere Zitate. Markiere sie.
b. Kreise die Anführungszeichen ein.

Zitierte Wortgruppen können in deine eigenen Sätze eingebettet werden.

Achtung: Fehler!

> *Der Jch-Erzähler stellt fest, dass die Leute im Bus keine Gespräche wünschen, denn sie dösten zum eintönigen Rattern des Motors in der stickigen, überheizten Luft.* (Z. 9–11)

4 Im Text ist die zitierte Wortgruppe hervorgehoben.
  a. Finde diese Textstelle in der Geschichte auf Seite 70. Markiere sie.
  b. Schreibe den Satz mit dem Zitat ab.
     Setze die Anführungszeichen am Anfang und Ende des Zitats.

  Der Jch-Erzähler
  _____
  _____
  _____
  _____

Nach einem einleitenden Satz kannst du einen vollständigen Satz zitieren.

Achtung: Fehler!

> *Der Jch-Erzähler sieht das alltägliche Verhalten der Fahrgäste kritisch und schließt sich selbst dabei mit ein: Zwar begegneten uns jeden Tag dieselben Gesichter, aber wir versteckten uns lieber hinter unseren Zeitungen.* (Z. 13–14)

5 Im Text ist der zitierte Satz hervorgehoben.
  a. Finde diese Textstelle in der Geschichte auf Seite 70. Markiere sie.
  b. Schreibe den einleitenden Satz und das Zitat ab.
  c. Setze die Anführungszeichen am Anfang und Ende des Zitats.
  d. Markiere den Doppelpunkt am Ende des einleitenden Satzes.

  _____
  _____
  _____
  _____
  _____

Nach einem Zitat gibst du die Zeilen in Klammern an.

Achtung: Fehler!

> *Jm Bus passiert zunächst nichts Besonderes, alle sind still mit sich selbst beschäftigt: „Kein Mensch sprach."*

6 a. Finde den zitierten Satz in der Geschichte auf Seite 70.
  b. Ergänze nach dem Zitat die Zeilenangabe in Klammern.

Texte lesen – üben – richtig schreiben

1. Trainingseinheit: zusammengesetzte Nomen großschreiben, Worttrennung, Zeichensetzung bei wörtlicher Rede

1 Lies den folgenden Text.

Das Berufspraktikum |

„Wo machst du dein Praktikum, | Celina?", | fragt Mila. | „Ich werde als Buchdruckerin

arbeiten. | Und nebenan ist die Tischlerei, | in der Jesko als Möbeltischler |

arbeiten wird. | Da können wir morgens | zusammen fahren." |

Büsra mischt sich ein: | „Habt ihr denn | die gleichen Arbeitszeiten? |

Ich muss als Augenoptikerin | nämlich erst um zehn Uhr |

in meinem | Praktikumsbetrieb sein." | Celina und Jesko nicken, | denn die Zeit passt. |

„Ich mache", sagt Mila, | „mein Praktikum bei einer Änderungsschneiderin!" |

2 Welche Berufe erkunden die Jugendlichen in ihrem Praktikum?
Schreibe einen Satz in dein Heft oder auf ein liniertes Blatt.

Im Text ist ein zusammengesetztes Nomen unterstrichen.

3 a. Unterstreiche im Text die sechs weiteren zusammengesetzten Nomen.
b. Schreibe die zusammengesetzten Nomen mit ihren Artikeln in deinem Heft auf.
   Tipp: Achte darauf, dass bei einigen Wörtern ein **s** dazwischensteht:
   der Beruf + **s** + das Praktikum = das Beruf**s**praktikum.
c. Markiere bei den zusammengesetzten Nomen den Artikel und das zweite Nomen.

4 a. Bilde zusammengesetzte Nomen. Schreibe die männliche und die weibliche Form
   in dein Heft oder auf ein liniertes Blatt.
b. Markiere das **s** zwischen den Nomen.

> die Hauswirtschaft + s + der Helfer, die Information + s + die Technikerin,
> das Schiff + s + die Mechanikerin

> **Starthilfe**
> der Hauswirtschaft**s**helfer, die Hauswirtschaft**s**helferin …

Sprechsilben helfen dir, wenn du am Zeilenende ein Wort trennen musst.
Achtung: Ein einzelner Vokal am Wortanfang wird nicht getrennt.

5 Jesko berichtet über sein Praktikum bei einem Tischler.
Einige Wörter sind falsch getrennt.
a. Unterstreiche die falsch getrennten Wörter und sprich sie deutlich.
b. Schreibe die Wörter Silbe für Silbe mit Trennstrichen auf.

> *Am Morgen begleitete ich den Meis-*
> *ter zu einem Beratungsgespräch mit*
> *einem Kunden. Der Kunde wollte si-*
> *ch einen neuen Schreibtisch bauen la-*
> *ssen. Nach der Mittagspause durfte*
> *ich beim Montieren eines Einbauschra-*
> *nks helfen. Dann zeigte mir der Leh-*
> *rling in der Werkstatt, wie Furnierbr-*
> *etter gesägt werden. Dabei sägte er a-*
> *ber leider sehr schief.*

Achtung:
Fehler!

Im Text „Das Berufspraktikum" gibt es Sätze mit wörtlicher Rede.

Merkwissen

Wörtliche Rede wird in Anführungszeichen gesetzt. Steht der Begleitsatz
vor der wörtlichen Rede, wird er mit einem Doppelpunkt abgeschlossen.
Caspar sagt: „Das Berufspraktikum ist interessant."
Steht die wörtliche Rede vor dem Begleitsatz, dann musst du zwischen der wörtlichen Rede
und dem Begleitsatz ein Komma setzen.
„Das Berufspraktikum ist interessant", sagt Caspar.
Ist der Begleitsatz in der Mitte, wird er mit Kommas von der wörtlichen Rede abgetrennt.
„Das Berufspraktikum", sagt Caspar, „ist interessant."

6 Im Text findest du zu jedem der folgenden Satzbilder einen passenden Satz.
a. Ordne die Sätze den Satzbildern zu und schreibe sie ab.
b. Kreise die Anführungszeichen ein.
c. Markiere die Kommas und den Doppelpunkt.

„ ? ?", ? .

? : „ ? ?"

„ ? ", ? , „ ? !"

7 Schreibe den Text „Das Berufspraktikum" ab.
Beachte die sieben Schritte der Arbeitstechnik „Abschreiben".

Abschreiben
► Umschlaginnenseite
hinten

2. Trainingseinheit: Wortgruppen getrennt schreiben, Merkwörter mit h, Komma in Satzgefügen

1 Lies den folgenden Text.

Aufregung im Zug

Dilaria und Irina sind | vierzehn Jahre alt | und dürfen allein | am Chiemsee | Fahrrad fahren | und zelten. | Bis zu ihrer nächsten Station | müssen sie | Bahn fahren. | Sie können erst | Platz nehmen, | nachdem sie die Räder | verstaut haben. | Nach einiger Zeit | kommt ein älterer Herr in das Abteil. | Kurz darauf verlässt er es wieder. | Als er wiederkommt, | vermisst er eine Tasche. | Er verdächtigt Irina. | Dilaria will Irina in Schutz nehmen. | „Sie sind doch | mit Ihrer Tasche | fortgegangen!" | Der Herr läuft wutentbrannt davon. | Wenig später kommt | der Zugbegleiter. | Er fragt: | „Vermisst jemand | eine Tasche?" | Die Mädchen lachen | und schicken ihn | dem wütenden Herrn hinterher. |

2 Wie kommen Dilaria und Irina zu ihrer nächsten Station?
Schreibe einen Satz auf.

_____

_____

Im Text kommen Wortgruppen mit **fahren** und **nehmen** vor.

3 Im Text sind zwei Wortgruppen mit **fahren** und **nehmen** markiert.
   a. Markiere auch die anderen beiden Wortgruppen mit **fahren** und **nehmen**.
   b. Schreibe die Wortgruppen in dein Heft oder auf ein liniertes Blatt.

Wortgruppen getrennt schreiben ▶ S.53–54

4 **a.** Bilde mit den Wörtern vom Rand Wortgruppen mit **fahren** und **nehmen**.
   b. Ergänze die Wortgruppen passend in den Sätzen.

Nach der langen Radtour möchte Dilaria ein _Bad nehmen_ _____ .

Am Montag wollen sie auf dem Chiemsee _____ .

Bald müssen sie vom Chiemsee _____ .

Im nächsten Jahr möchten sie in den Bergen _____ .

(der) Abschied
(ein) Bad
(das) Boot
(der) Ski

5 Bilde Wortgruppen mit **fahren** und **nehmen**.
Schreibe damit eigene Sätze in dein Heft oder auf ein liniertes Blatt.

(der) Anlauf, (das) Auto, ernst, (die) Rücksicht, (das) Kanu

In manchen Wörtern steht nach langem Vokal oder Umlaut (ä, ö, ü) ein **h**.
Diese Wörter sind Merkwörter.

6 Im Text sind zwei Merkwörter mit **h** unterstrichen.
   a. Unterstreiche auch die weiteren Merkwörter mit **h**.
   b. Schreibe die unterstrichenen Wörter auf und markiere das **h**.

vierzehn,

7 Schreibe die Sätze auf. Ergänze dabei passende Merkwörter mit **h** vom Rand.

Dilaria freut sich ? auf die ? Tage am Chiemsee.

Nach der Radtour gibt es ein Eis mit ? zur ? .

Abends wird es ? , aber tagsüber ist es ? warm.

sehr
zehn
(die) Sahne
(die) Belohnung
kühl
angenehm

8 Schreibe die Sätze auf. Ergänze dabei passende Merkwörter mit **h**.
   Tipp: Die Bilder helfen dir.

Als Irina müde im Schlafsack liegt, muss sie ? .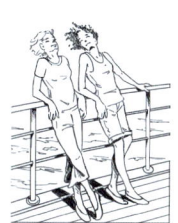

Morgens ? sie noch die Kosten für die Übernachtung.

Auf der ? über den Chiemsee ? sie sich an das Geländer.

Hauptsätze und Nebensätze werden durch Kommas voneinander getrennt.

9 Im Text findest du Satzgefüge, die folgenden Satzbildern entsprechen.
   a. Schreibe die Satzgefüge in dein Heft oder auf ein liniertes Blatt.
   b. Kreise die Konjunktionen ein und markiere die Kommas.

Komma in Satzgefügen
► S. 67

?	,	?	.
Hauptsatz		Nebensatz	

?	,	?	.
Nebensatz		Hauptsatz	

10 Schreibe den Text „Aufregung im Zug" ab.
   Beachte die sieben Schritte der Arbeitstechnik „Abschreiben".

Abschreiben
► Umschlaginnenseite
hinten

3. Trainingseinheit: Fremdwörter mit -ie, -ieren, -ik, -or, Nominalisierungen, Komma bei nachgestellter Erläuterung

1 Lies den folgenden Text.

Unterschiedliche Interessen

Tibor denkt darüber nach, | sein Praktikum | bei einem Konditor zu machen. |

Ihm gefällt besonders, | dass er beim Backen | etwas kreieren kann. |

Tarik möchte | mehr über den Beruf des Kochs erfahren, | zum Beispiel über |

die verschiedenen Aufgaben in der Küche. |

Milana interessieren die Fächer Chemie und Physik. | Sie findet Technik spannend |

und würde gern in einem Labor arbeiten. |

Okan hat schon einen Praktikumsplatz, | nämlich in einer Malerwerkstatt. |

Weil Elisas Hobby | das Fotografieren ist, | wird sie ihr Praktikum |

bei einem Fotografen machen. |

2 Was ist Elisas Hobby? Schreibe einen Satz auf.

Wörter mit -ie, -ieren, -ik und -or sind häufig Fremdwörter.
Du musst dir merken, wie sie geschrieben werden.
Wenn du die Bedeutung der Wörter nicht kennst, schlage im Wörterbuch nach.

3 Im Text sind einige Fremdwörter unterstrichen.
Lege in deinem Heft oder auf einem Blatt eine Tabelle an und
schreibe die unterstrichenen Wörter mit Artikel geordnet auf.

Starthilfe

Nomen auf -ie	Nomen auf -ieren	Nomen auf -ik	Nomen auf -or
...	...	...	...

4 **a.** Markiere in den folgenden Fremdwörtern die Endungen.
   Tipp: Du kannst unterschiedliche Farben verwenden.
   b. Schreibe die Fremdwörter in deiner Tabelle aus Aufgabe 3 auf.

> die Biologie, die Republik, argumentieren, der Autor, die Energie, die Demokratie,
> die Kritik, vibrieren, der Faktor, addieren, der Professor, die Politik

5 Bilde mit den Fremdwörtern aus Aufgabe 4 Sätze und schreibe sie ebenfalls auf.

Aus Verben können durch die Wörter das, beim, im, am und zum Nomen werden.
Du kannst sie an ihren Begleitern erkennen.

Nomen großschreiben
► S. 50–52

6 Im Text sind zwei Verben, die zu Nomen geworden sind, markiert.
    a. Schreibe die nominalisierten Verben mit ihren Begleitern auf.
    b. Unterstreiche die Begleiter.

7 Bilde mit den Begleitern und den Verben Wortgruppen.
    a. Schreibe die Wortgruppen auf.
    b. Schreibe zu jeder Wortgruppe einen Satz in dein Heft oder auf ein liniertes Blatt.

das, beim, am zum, im	+	fahren, trinken, sprechen laufen, hören, springen

das Fahren,

Im Text gibt es zwei Sätze mit nachgestellten Erläuterungen.

Merkwissen

Nachgestellte Erläuterungen werden durch Komma vom übrigen Satz abgetrennt.
Sie werden oft mit Wörtern wie **das heißt (d. h.), und zwar, zum Beispiel (z. B.), nämlich, besonders,**
vor allem oder **insbesondere** eingeleitet.

8 **a.** Schreibe die beiden Sätze mit nachgestellten Erläuterungen aus dem Text auf.
    b. Unterstreiche die Erläuterungen und markiere das Komma.

9 Ergänze bei den folgenden Sätzen nachgestellte Erläuterungen
    mit **z. B., besonders** und **vor allem**.
    Schreibe die vollständigen Sätze in dein Heft oder auf ein liniertes Blatt.
    Tipp: Denke an das Komma.

Ein Koch muss viele verschiedene Speisen zubereiten, ? .

Als Baustoffprüferin muss man auf vieles achten, ? .

Eine Fotografin macht vielfältige Aufnahmen, ? .

Pfannkuchen, Soßen
und Süßspeisen

auf die Eigenschaften
der Baustoffe und
die Beschaffenheit
des Bodens

Landschaftsfotos
und Tierfotos

10 Schreibe den Text „Unterschiedliche Interessen" ab.
    Beachte die sieben Schritte der Arbeitstechnik „Abschreiben".

Abschreiben
► Umschlaginnenseite
hinten

4. Trainingseinheit: Wörter mit -mal, -teils, -wärts, -wegs, -weise, Wörter ableiten, Komma bei der Apposition

1 Lies den folgenden Text.

Apfelallerlei |

Zweimal in der Woche | besucht Tamika ihre Oma, | eine fröhliche Frau. |

Normalerweise fahren sie dann | zusammen in die Stadt, | eine Kleinstadt. |

Heute wollen sie dort einkaufen gehen | und anschließend in einer Bäckerei |

Kuchen essen. | Unterwegs erzählt Tamika, | die Enkelin, | von der Klassenfahrt. |

5 Dabei geht sie rückwärts | und stößt gegen eine Straßenlaterne. |

Die gesamten Einkäufe | fallen zu Boden | und Äpfel kullern aus der Tasche. |

„Daraus kann man | nur noch Mus kochen", | seufzt Tamika. |

Die Früchte sind | größtenteils angeschlagen. |

Ihre Oma tröstet sie: | „Das wolltest du doch | schon immer einmal lernen." |

10 Und so gibt es diesmal | nach dem Einkauf Apfelmus. |

2 Warum kann man aus den Äpfeln nur noch Mus kochen?
Schreibe einen Satz auf.

_____

Manche Wörter enden mit **-mal**, **-teils**, **-wärts**, **-wegs**, **-weise**:
zweimal, größtenteils, vorwärts, unterwegs, normalerweise.
Diese Wörter schreibt man klein und zusammen.

3 Im Text findest du Wörter mit -**mal**, -**teils**, -**wärts**, -**wegs**, -**weise**.
   a. Unterstreiche die Wörter.
   b. Schreibe sie auf die passende Linie.

-mal: *zweimal* _____   -wegs: _____

-teils: _____   -weise: _____

-wärts: _____

4 Jeweils zwei Wortteile gehören zusammen.
   a. Schreibe die Wörter in dein Heft oder auf ein liniertes Blatt.
   b. Ergänze weitere Wörter mit -**mal**, -**teils**, -**wärts**, -**weise**.

drei-		größten-		seit-		lustiger-	
	-mal		-teils		-wärts		-weise
vier-		eines-		vor-		unnötiger-	

Wenn du unsicher bist, ob ein Wort mit ä oder e, mit äu oder eu geschrieben wird, dann hilft dir die Ableitungsprobe.

5   **a.** Schreibe die im Text hervorgehobenen Wörter mit **ä** und **äu** auf.
   b. Ergänze verwandte Wörter mit **a** und **au**.

Wörter ableiten ▶ S.47

6   Ordne die Wörter und Wortgruppen mit **ä** oder **äu** vom Rand passend zu und schreibe sie auf.

der Raum: _____

schlafen: _____

das Jahr: _____

der Traum: _____

laufen: _____

tragen: _____

sie räumt auf
jährlich
träumen
schläfrig
die Läuferin
verträumt
der Träger
er verläuft sich
volljährig
die Räume
sie schläft
vorläufig
er trägt
räumlich

7   Schreibe mit Wörtern aus Aufgabe 6 sinnvolle Sätze auf.

_____

_____

_____

Im Text gibt es auch Appositionen.

8   Im Text ist eine Apposition zusammen mit dem Bezugswort markiert.
   Weitere Sätze mit einer Apposition entsprechen den folgenden Satzbildern.
   a. Schreibe die Sätze unter die Satzbilder.
   b. Unterstreiche jeweils die Apposition und das Bezugswort farbig.
   c. Markiere das Komma.

   _____?_____ , _____?_____ .
   Hauptsatz   Apposition

_____

_____

   _____?_____ , _____?_____ , _____?_____ .
   Hauptsatz   Apposition   Hauptsatz

_____

_____

9   Schreibe den Text „Apfelallerlei" ab.
   Beachte die sieben Schritte der Arbeitstechnik „Abschreiben".

Abschreiben
▶ Umschlaginnenseite hinten

Richtig schreiben

Auf Seite 81 steht ein Text mit Fehlern.
Bearbeite alle folgenden Aufgaben, dann bist du fit für die Fehlersuche.

1 Leite die folgenden Wörter ab.

    a. Finde jeweils ein verwandtes Wort und schreibe es auf.

    b. Ergänze dann die fehlenden Buchstaben.

/4 Punkte

/4 Punkte

(**ä** oder **e**?)   kr___ftig - _____   die W___sche - _____

(**äu** oder **eu**?)   sch___mt - _____   die B___me - _____

2 Schreibe die Merkwörter mit **h** in die richtige Spalte der Tabelle.

/8 Punkte

Nomen	Verben

die Wohnung
erzählen
die Fahrt
die Bahn
wählen
bohren
die Uhr
nehmen

3 Schreibe die Fremdwörter auf und markiere die Endungen.
    Tipp: Du kannst unterschiedliche Farben verwenden.

/8 Punkte

spendieren, die Technik, servieren, der Autor, die Politik, die Allergie, die Geometrie, der Monitor

_____

_____

4 Schreibe mit zwei Wörtern aus Aufgabe 3 Sätze in dein Heft oder auf ein liniertes Blatt.

/2 Punkte

5 Bilde Nomen mit Begleitern und schreibe die Wortgruppen auf.

/4 Punkte

das
beim + fliegen
schreiben

_____

6 In den Sätzen fehlt die Zeichensetzung bei der wörtlichen Rede.
    Setze in den Sätzen die fehlenden Zeichen ein. Schreibe die Sätze auf.

/6 Punkte

Nico sagt Das griechische Essen mag ich besonders gern.

Dann werde ich sagt Nicos Oma dir etwas kochen.

7 **a.** Unterstreiche in den folgenden Sätzen jeweils die nachgestellte Erläuterung.
b. Ergänze jeweils das fehlende Komma.

Auf Kreta hat Nico viele Vögel gesehen z. B. Falken, Seeschwalben und Austernfischer.

Nico hat viel Wasser getrunken vor allem beim Wandern.

8 Der folgende Text enthält Fehler.
a. Markiere die Fehlerwörter und
die Stellen mit den Zeichensetzungsfehlern.
b. Schreibe den Text in der richtigen Schreibweise auf.

Die Ferien auf Kreta sind vorüber. Nico macht sich morgens auf den Weg

nach Hause. Die Rückfart dauert lange. Auf der Fähre nach Athen gefellt es Nico gut.

Er leuft oft an die Reling. Am liebsten würde er einen Blick in den Technigraum

dieses riesigen Schiffes werfen. Schließlich spendirt sich Nico auf der Fähre

noch ein Eis. In Athen übernachtet er in der Wonung seiner Oma.

Abends servirt sie Nico ein griechisches Essen. Er schwärmt: Das ist lecker!

Nico freut sich schon beim aufstehen auf den Flug. Anschließend muss er

noch mit dem Zug faren. Er ist froh, dass er abends zum essen wieder zu Hause ist.

Nur auf eines hat er keine Lust nämlich auf die Schule.

/2 Punkte

/2 Punkte

/13 Punkte

**Achtung:
Fehler!**

Gesamt: /53 Punkte

Auswertung ▶ **Lösungsheft**

Wortarten verwenden

Die Zeitformen der Verben wiederholen

Du kannst nun die Zeitformen Präteritum und Plusquamperfekt wiederholen.

1 Lies den folgenden Text.

Geschichte der Solarenergie

Der französische Physiker Edmond Becquerel entdeckte 1839 zusammen

mit seinem Vater den fotoelektrischen Effekt oder kurz Fotoeffekt. Damit erkannte

er die Voraussetzungen für die Solarzellen von heute. Allerdings hatte es

eine passive Nutzung der Sonneneinstrahlung schon viel früher gegeben.

5 So hatten zum Beispiel schon die alten Ägypter den Sonnenstand bei Hausbauten

berücksichtigt. Auch im 17. Jahrhundert hatten reiche Bürger in Europa

beim Hausbau bereits die Wärme der Sonnenstrahlen genutzt. Die Glasfenster

ihrer Häuser zeigten meist zur Mittagssonne hin.

Photovoltaik-Anlagen gewannen erst mit der Energiekrise um 1970 an Bedeutung.

10 Vorher waren zur Energiegewinnung Kohle, Torf und Erdöl zum Einsatz gekommen.

2 **a.** Unterstreiche im Text die Verben im Präteritum und im Plusquamperfekt.
b. Schreibe die Verbformen in die richtige Spalte der Tabelle.

Präteritum	Plusquamperfekt
er entdeckte	es hatte gegeben
er	sie
sie	sie
sie	sie

3 Bilde das Präteritum und das Plusquamperfekt der folgenden Verben.
Schreibe die Verbformen mit dem Pronomen **er** auf.

> bauen, stürzen, sparen, kommen, verschwinden

4 Setze die Verben in der richtigen Zeitform in den Text ein.

Sonne macht mobil

Im Jahr 2016 _____ (zeigen) zwei Männer, was mit Solarenergie möglich

ist. Bertrand Piccard und André Borschberg _____ (fliegen)

mit einem Solarflugzeug um die Welt. Nachdem Piccard sie bereits mit einem Ballon

_____ (umrunden), _____ (gelingen) ihm dies

auch mit einem Solarflugzeug. Piccard und Borschberg _____ in Abu Dhabi

_____ (starten), bevor sie 16 Monate später am selben Ort wieder

_____ (landen). Sie _____ (brauchen) länger,

als sie es vorher _____ (planen). Sie _____ (pausieren) nämlich

über ein halbes Jahr auf Hawaii, da sich die Batterien zu sehr _____ (erhitzen).

Du kannst nun die Zeitform Futur wiederholen.

5 Unterstreiche im folgenden Text die Verben im Futur.

Zukunft der Solarenergie

Die Solarenergie wird bis zum Jahr 2030 wohl etwa 13 Prozent

des weltweiten Strombedarfs decken. Sicherlich werden die Kosten erheblich

zurückgehen. Besondere Vorteile wird diese Entwicklung für Gegenden der Welt

mit sich bringen, die bisher nicht an ein Stromnetz angeschlossen sind.

6 **a.** Wandle die folgenden Sätze ins Futur um und schreibe sie auf.
b. Unterstreiche die Verbformen in deinen Sätzen.

> **Starthilfe**
> Elektroautos werden geräuschlos ...

Elektroautos fahren geräuschlos durch unsere Städte.

Solarzellen verwandeln Sonnenlicht in elektrischen Strom.

Wir fliegen mit Solarflugzeugen in den Süden.

Leistungsfähige Batterien speichern Energie für Fahrzeuge.

7 Wie kannst du in Zukunft Energie sparen?
a. Bilde vier Sätze im Futur und schreibe sie in dein Heft oder auf ein liniertes Blatt.
b. Unterstreiche die Verbformen in deinen Sätzen.

> **Starthilfe**
> Ich werde in Zukunft ...

Verben im Plusquamperfekt verwenden

Das Plusquamperfekt verwendet man, wenn man ausdrücken will,
dass etwas vor einem schon zurückliegenden Ereignis geschah (Bedeutung: noch davor).
Viele Verben bilden das Plusquamperfekt mit den Vergangenheitsformen
der Hilfsverben **haben** und **sein** und dem Partizip Perfekt.
Sie hatten geputzt. Er war gerannt.

In den folgenden Aufgaben übst du das Plusquamperfekt mit **haben**.

1 Lies den folgenden Text.

Mit Tierborsten die Zähne putzen

Wusstest du schon, dass es Zahnbürsten seit etwa 500 Jahren gibt? Sie wurden in China

erfunden. Man hatte dafür zuerst Haare von Tieren gewonnen. Diese befestigte man

anschließend an Stielen aus Bambus oder Knochen. Solche Zahnbürsten sahen aus

wie Pinsel. In Deutschland benutzte man damals Reinigungsstäbchen für Ohren und

Zähne. Für ihre Herstellung hatte man passende dünne Knochen ausgewählt.

Bis zur Erfindung einer richtigen Zahnbürste dauerte es noch einige Zeit.

Lange Zeit hatte man in Europa die Zähne mit Bürsten aus weichem Rosshaar gereinigt.

Erst um 1780 erfand ein Engländer eine bessere Bürste mit härteren Kuhborsten.

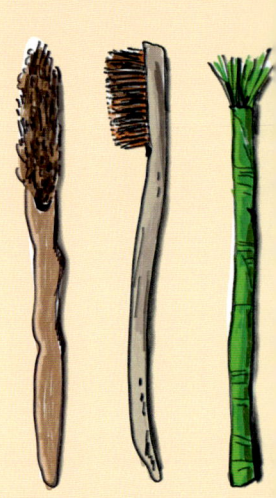

2 Im Text stehen die hervorgehobenen Sätze im Plusquamperfekt.
   a. Unterstreiche in diesen Sätzen die Verbformen im Plusquamperfekt.
   b. Schreibe die unterstrichenen Verbformen zusammen mit dem Pronomen **man** auf.

man hatte gewonnen, _____

_____

3 Schreibe neben die Verbformen im Präteritum die passenden Verbformen
   im Plusquamperfekt.

   die Menschen kauten: *die Menschen hatten* _____

   sie benutzten: _____

   sie veränderten: _____

4 Ergänze in den folgenden Sätzen die Verbformen im Plusquamperfekt aus Aufgabe 3.
   Schreibe die Sätze in dein Heft oder auf ein liniertes Blatt.

Bevor es die Zahnbürste gab, ? die Menschen zur Reinigung der Zähne auf Stöcken ? .
Später wischten sich die Menschen die Zähne mit einem Läppchen ab. Vorher ? sie
Holzstücke als Zahnstocher ? . Bis ins Mittelalter ? die Menschen ihre Zahnreinigung
kaum ? . Danach vernachlässigten sie diese oft vollständig.

In den folgenden Aufgaben übst du das Plusquamperfekt mit **sein**.

5 Lies den folgenden Text.

Angst vor dem Zahnarzt? Nein!

Rik ging am Morgen zögernd ins Bad. Er war schon mit einem mulmigen Gefühl

aufgestanden. Heute musste er nämlich zum Zahnarzt. Rik fuhr mit dem Bus dorthin.

Der Bus war pünktlich gekommen. Ängstlich betrat Rik das Ärztehaus.

Vorher war er ein paarmal auf der Straße auf und ab gelaufen.

Aber schließlich saß er doch auf dem Behandlungsstuhl.

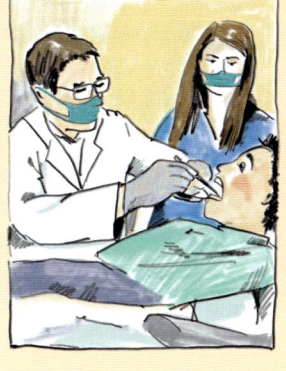

6 Im Text stehen die hervorgehobenen Sätze im Plusquamperfekt.
  a. Unterstreiche in diesen Sätzen die Verbformen im Plusquamperfekt.
  b. Schreibe die unterstrichenen Verbformen zusammen mit dem Pronomen **er** auf.

  er war aufgestanden, _____

  _____

7 Schreibe neben die Verbform im Präteritum die passenden Verbformen
  im Plusquamperfekt.

  er war: *er war gewesen* _____

  er kletterte: _____

  er lief: _____

8 Ergänze in den folgenden Sätzen die passenden Verbformen im Plusquamperfekt
  aus Aufgabe 7.
  Schreibe die Sätze in dein Heft oder auf ein liniertes Blatt.

Der Zahnarzt betrat den Raum. Vorher ? er noch kurz im Anmeldezimmer ? .
Nun beugte er sich über Rik und kontrollierte seine Zähne.
„Alles in Ordnung", sagte der Zahnarzt wenige Minuten später.
Rik fiel ein Stein vom Herzen. Er verabschiedete sich von dem Arzt.
Zuvor ? er schnell von dem Behandlungsstuhl ? .
Bevor Rik nach dem Zahnarztbesuch die Bushaltestelle wieder erreichte,
? er noch einmal erleichtert durch die Stadt ? .

In den folgenden Aufgaben übst du das Plusquamperfekt mit **haben** oder **sein**.

9 **a.** Lies die folgenden Sätze.
  b. Setze die passenden Verbformen im Plusquamperfekt ein.

fühlen
gehen
haben

Rik _____ sich sehr unwohl _____ .

Er _____ nicht gern zum Zahnarzt _____ .

Aber er _____ keine andere Wahl _____ .

Den Konjunktiv I verwenden

Das folgende Gespräch ist der Kurzgeschichte „Schüleraustausch" von Annette Weber entnommen. Sandra und ihr Freund Stefan nehmen an einem Schüleraustausch teil. Jean-Pascal und Chantal gehören zu den französischen Austauschschülern.

1　a. Markiere in der indirekten Rede alle Verbformen im Konjunktiv I.

　　b. Kreise in der indirekten Rede alle Pronomen ein, die sich geändert haben.

　　c. Unterstreiche die Redeeinleitungen in der indirekten Rede.

Gespräch (Textauszug)

(Jean-Pascal:) „Und da bist du ganz ganz, traurig geworden." Sandra schluckte. „Was geht dich das an?", fauchte sie. „Gar nichts." Jean-Pascal rührte in seiner Tasse. „Ich will nur nischt, dass du wegen

5　Chantal traurig bist." „Das bin ich wirklich", gab sie dann zu. „Weißt du, ich bin seit drei Wochen mit Stefan zusammen und habe mich so furchtbar auf die Zeit mit ihm gefreut. Und jetzt verliebt er sich in diese attraktive Chantal." Jean-Pascal lächelte.

10　„Du brauchst gar nischt eifersüchtig zu sein. Weil sie nämlich jedem den Kopf verdreht."*

Indirekte Rede

Jean-Pascal sagt, da sei sie ganz traurig geworden. Sandra fragt empört, was ihn das angehe. Jean-Pascal rührt in seiner Tasse und erklärt, er wolle nur nicht, dass sie wegen Chantal traurig sei.

5　Sandra gibt zu, dass sie es wirklich sei. Seit drei Wochen sei sie mit Stefan zusammen und habe sich so furchtbar auf die Zeit mit ihm gefreut. Und jetzt verliebe er sich in diese attraktive Chantal. Jean-Pascal antwortet lächelnd, sie brauche gar nicht eifersüchtig

10　zu sein, weil Chantal nämlich jedem den Kopf verdrehe.

2　a. Schreibe die fehlenden Verbformen mit Personalpronomen in die Tabelle.

　　b. Markiere die Personalpronomen, die in der indirekten Rede anders sind.

Gespräch	Konjunktiv (indirekte Rede)	Verb im Präsens
du bist	sie sei	sie ist
es geht dich an		es ___ ihn ___
ich will		er
ich habe mich gefreut		sie
er verliebt sich		er
du brauchst		sie
sie verdreht		sie

3 Ergänze in der Tabelle die passende Konjunktivform zu dem vorgegebenen Personal-pronomen. Eine schwierige Konjunktivform findest du am Rand.

sie feiert – sie feiere

Verb im Infinitiv	Verb im Konjunktiv (indirekte Rede)
sein	Stefan *sei*
meinen	er
es schaffen	er
haben	er
stehen	sie
feiern	sie
haben	sie
sein	es
können	er
müssen	er

4 Ergänze nun im folgenden Text die Verbformen im Konjunktiv I aus Aufgabe 3.

Zuerst will Sandra Stefan mit Jean-Pascals Hilfe zurückgewinnen.

Sandra flüstert Jean-Pascal zu, Stefan _____ mit Chantal da.

Sie fragt ihn, ob er _____ , dass er es _____ .

Jean-Pascal antwortet mit Ja. Er tanzt dann mit Chantal und Stefan läuft

5 wütend nach draußen. Später läuft Jean-Pascal auf den Hof und Sandra folgt ihm.

Jean-Pascal sagt, er _____ erwartet, sie _____

draußen mit Stefan und _____ Versöhnung. Sandra erwidert,

sie _____ noch gar nicht mit Stefan gesprochen, und fragt Jean-Pascal,

was mit ihm _____ . Jean-Pascal sagt, er _____

10 nicht mit Chantal tanzen, weil er immer an Sandra denken _____ .

5 Ergänze zwei eigene weitere Sätze des Gesprächs in der indirekten Rede.
Verwende Konjunktivformen.

Die folgende Textzusammenfassung enthält noch wörtliche Rede aus dem Text.
Diese Stelle gibst du in indirekter Rede wieder.

6 **a.** Welche Pronomen musst du in der indirekten Rede ändern? Kreise sie ein.
Du findest die Pronomen am Rand.
   b. Markiere in jedem Satz der wörtlichen Rede das konjugierte Verb.

Pronomen

du (3 x),

mir (2 x),

ich (3 x),

unsere,

wir

Später verlieben sich Sandra und Jean-Pascal ineinander. Drei Tage danach trifft Sandra Stefan in der Stadt und es entwickelt sich folgendes Gespräch.

„Lange nicht gesehen", sagte er. „Kommst du heute Abend ins Bistro?" „Tut mir leid", lächelte Sandra. „Ich habe heute ein Rendezvous." „Was soll das denn heißen", fuhr Stefan sie an und sah plötzlich gar nicht mehr cool aus. „Ich denke, du gehst mit mir!" „Oh, klar", grinste Sandra. „Ich finde nur, dass unsere Beziehung in der letzten Zeit etwas eng geworden ist. Wir sind hier in Frankreich, [das] weißt du. Offene Beziehungen sind hier mega-in." Und dann ließ sie den verdutzten Stefan einfach stehen.*

7 **a.** Schreibe das Gespräch in der indirekten Rede und im Präsens auf.
Du kannst die Redeeinleitungen vom Rand verwenden.
Tipp: Die zwei Wörter in blauer Schrift musst du auch verändern.
   b. Markiere die veränderten Verben und kreise veränderte Pronomen ein.

Stefan sagt, er habe Sandra lange nicht gesehen, und fragt sie,
ob sie an diesem Abend ins Bistro komme. Sandra antwortet, ...

Redeeinleitungen

Er sagt ...

Sie antwortet ...

Sie entgegnet ...

Er fragt empört ...

Er fügt hinzu ...

Sie erklärt ...

Sie meint nur ...

Den Konjunktiv II verwenden

Der Konjunktiv II für Wünsche

Das folgende Lied „Freundinnen" stammt von Funny van Dannen.

1　**a.** Lies den Liedtext.

　　b. Unterstreiche alle Verbformen im Konjunktiv II.

Freundinnen <u>müsste</u> man sein.

Dann könnte man über alles reden.

Über jeden geheimen Traum.

Freundinnen müsste man sein.

5　Dann könnte man über alles lachen.

Viele Sachen zusammen tun.

Man könnte sich neue Schuhe kaufen und auf Partys gehen.

Man könnte durch die City laufen und auf gute Musik stehen.

Und man könnte die Nacht durchtanzen, ohne auszuruhen.

10　Man wäre unbeschwert und den ganzen Tag gegen Einsamkeit immun[1].

[1] immun: unempfindlich, geschützt

2　**a.** Ergänze in der Tabelle die fehlenden Verbformen im Präteritum.

　　b. Ergänze in der Tabelle die drei fehlenden Verbformen im Konjunktiv II.

　　　Tipp: Du hast sie im Liedtext oben bereits unterstrichen.

　　c. Markiere Unterschiede zwischen dem Präteritum und dem Konjunktiv II.

Verb im Infinitiv	Verbform im Präteritum	Verbform im Konjunktiv II
gehen	man ging	man ginge
sprechen	man	man spräche
sehen	man	man sähe
dürfen	man	man dürfte
müssen	man	man
können	man	man
sein	man	man

Nun kannst du die Verwendung des Konjunktivs II üben.

3 Ergänze in den folgenden Sätzen die richtigen Verbformen im Konjunktiv II.

Es _____wäre_____ (sein) schön, wenn er mitkommen _____ (dürfen).

Sie _____ (können) es, wenn sie mehr Geld _____ (haben).

Ich _____ (kommen) zu dir, wenn ich die Zeit dazu _____ (finden).

Sie _____ (sitzen) immer noch dort, wenn es nicht so kalt _____ (sein).

Er _____ (nehmen) den Zug, wenn er die Abfahrtszeit _____ (wissen).

Tim _____ (essen) nur Süßes, wenn er es _____ (bekommen).

Merle _____ (gehen) nicht ins Bett, wenn sie nicht _____ (müssen).

4 Schreibe ein Parallellied mit dem Titel „Freunde".
Du kannst dazu die Verbformen im Konjunktiv II aus der Tabelle von Seite 88 verwenden.
Tipp: Bilde zuerst die Verbformen im Präteritum.

_____

_____

_____

_____

_____

Der Konjunktiv II in höflichen Aufforderungen

Merkwissen

In Form einer Frage drückt der Konjunktiv II Aufforderungen oder Bitten höflicher aus als der Imperativ. Diese Höflichkeitsform verwendet man oft in offiziellen Briefen und beim Sprechen.
Häufig muss man dabei das Wort **bitte** ergänzen, z. B.:

Imperativ (Befehlsform):   **Schicken** Sie mir das Formular!
                                      Sei leise.
Frage mit Konjunktiv II: **Könnten** Sie mir **bitte** das Formular schicken?
                                      Würdest du **bitte** leise sein?

Höfliche Fragen kannst du mit den Verben **können** und **werden** im Konjunktiv II formulieren.

5 Setze die passenden Verbformen im Konjunktiv II ein.

_____ du bitte die Musik leiser machen?

_____ ihr uns hier etwas Platz machen?

Es ist sehr stickig, _____ wir das Fenster öffnen?

_____ es dir etwas ausmachen, kurz rauszugehen?

würdest
würde
würdet
könnten

Weil Tom Informationen für ein Referat benötigt, schreibt er einen Brief.

6 **a.** Lies Toms Brief.
b. Drei Sätze im Brief müssen höflicher formuliert werden. Unterstreiche sie.
c. Schreibe die unterstrichenen Sätze mit höflicheren Formulierungen auf.
– Verwende die Wortgruppen mit dem Konjunktiv II vom Rand.
– Ergänze an passenden Stellen das Wort **bitte**.

Sehr geehrte Frau Meissner,

Ihr Betrieb beschäftigt sich mit Kläranlagen und Wasserwirtschaft.

Da ich für die Schule zu diesem Thema ein Referat vorbereite, brauche ich

gutes Informationsmaterial. Schicken Sie mir Prospekte Ihres Betriebes zu.

Ich will auch wissen, ob ich mir Teile Ihres Betriebes anschauen kann.

Geben Sie mir diese Informationen und antworten Sie bis Freitag.

Mit freundlichen Grüßen

Tom Schmidt

7 Formuliere die Aufforderungen aus den Sprechblasen als höfliche Fragen.
– Verwende die Wortgruppen mit dem Konjunktiv II vom Rand.
– Ergänze an passenden Stellen das Wort **bitte**.

Hilf mir mal!

Geben Sie mir den Schlüssel!

Gib mir dein Buch!

Sag mir, wann wir uns morgen treffen.

Lassen Sie mich vorbei!

Hast du ein Blatt Papier für mich?

Könntest du mir bitte mal helfen?

8 Formuliere Sätze mit höflichen Aufforderungen und Bitten
und schreibe sie in dein Heft oder auf ein liniertes Blatt.
Verwende Verbformen im Konjunktiv II
und ergänze an passenden Stellen das Wort **bitte**.

Den Konjunktiv verwenden

Mark schreibt in einem Internetbeitrag, was er über Bens Schwimmwettbewerb erfahren hat.

1 **a.** Lies Marks Beitrag.

   b. Markiere alle Verben im Konjunktiv I.

Suse erzählte, Ben sei sehr schnell geschwommen. Er habe den Wettbewerb

mit großem Vorsprung gewonnen. Anschließend sei er strahlend aus dem Becken

gestiegen und habe seinen Trainer umarmt.

2 **a.** Lies, was Ben selbst sagt.

   b. Schreibe den ersten Satz im Konjunktiv I mit **haben** auf.

   c. Schreibe den zweiten Satz im Konjunktiv I mit **sein** auf.

/2 Punkte

/2 Punkte

Ich spürte die anderen Schwimmer am Anfang direkt hinter mir.

Aber ich war überhaupt nicht nervös.

Ben sagte, er

_____

_____

3 **a.** Ergänze in der Tabelle die Verbformen im Präteritum.

   b. Ergänze in der rechten Spalte die Verbformen im Konjunktiv II.

/8 Punkte

Verb im Infinitiv	Verbform im Präteritum	Verbform im Konjunktiv II
nehmen	ich	ich
gefallen	es	es
trinken	ich	ich
flliegen	es	es

Nora ist gut im Turnen und träumt davon, an ein Sportinternat zu wechseln.

4 Wovon träumt Nora? Ergänze die richtigen Verbformen im Konjunktiv II.

/4 Punkte

In dem Internat _____ (sein) ich nie allein. Es _____ (kommen) immer

Freunde in mein Zimmer. Wenn ich jeden Tag trainieren _____ (müssen),

_____ (bleiben) mir trotzdem Zeit zum Chillen.

5 Setze die passenden Verbformen von **können** und **werden** im Konjunktiv II ein.

/2 Punkte

_____ (können) ihr uns etwas vom Internatsleben erzählen?

_____ (werden) du mich im Internat besuchen?

Gesamt: /22 Punkte

Auswertung ➤ **Lösungsheft**

Possessivpronomen verwenden

Merkwissen

Possessivpronomen zeigen an, **wem** etwas gehört. Die Endungen der Possessivpronomen richten sich nach dem dazugehörigen Nomen.
Singular: mein/meine, dein/deine, sein/seine, ihr/ihre
Plural: unser/unsere, euer/eure, ihr/ihre

Von Herrn Ruprecht erhält Marek Informationen über den Beruf des Physiotherapeuten.

1 Lies den folgenden Text.

Herr Ruprecht hat eine eigene Praxis. In seiner Ausbildung hat er gelernt,

wie er Massagen, Bäder, Packungen, Inhalationen und Gymnastik anwenden kann.

Denn Menschen können ganz unterschiedliche Beschwerden haben.

Wenn Patienten von ihrem Arzt eine Verordnung bekommen, melden sie sich

in Herrn Ruprechts Praxis. Der Physiotherapeut kann dann beginnen, ihre Beschwerden

zu lindern. Nicht jeder Therapeut arbeitet in seiner eigenen Praxis. Manche der

Therapeuten verrichten ihre Tätigkeit auch in Krankenhäusern oder Pflegeheimen.

2 Im Text sind Wortgruppen mit Possessivpronomen unterstrichen.
    a. Finde zu jeder unterstrichenen Wortgruppe mit Possessivpronomen das Nomen, auf das sich die Wortgruppe bezieht.
    b. Verbinde die Wortgruppen mit Possessivpronomen und die zugehörigen Nomen durch Pfeile.

3 Bilde sinnvolle Sätze und schreibe sie in deinem Heft auf.

Ich habe		meinen/mein/meine	Praxis	
Du hast		deinen/dein/deine	Arbeitszimmer	
Frau Romano hat		ihren/ihr/ihre	Ausbildung	vorgestellt.
Herr Ruprecht hat	Marek	seinen/sein/seine	Mitarbeiter	beschrieben.
Wir haben	dem Praktikanten	unseren/unser/unsere	Mitarbeiterin	gezeigt.
Ihr habt		euren/euer/eure	Terminkalender	
Sie haben		ihren/ihr/ihre	Behandlung	
			Trainingsgerät	

4 Marek möchte Herrn Ruprecht noch einige Fragen stellen.
Schreibe die Fragen in dein Heft oder auf ein liniertes Blatt.
Ergänze dabei das fehlende Possessivpronomen.
Tipp: Das Possessivpronomen der Höflichkeitsform wird großgeschrieben.

Wann haben Sie ? Ausbildung beendet? Können Sie mir auch ? Praxisräume zeigen?
Bekommen ? Patienten schnell einen Termin?

Satzglieder verwenden

Die adverbialen Bestimmungen

Lena erzählt ihrer Freundin Nora von ihrem Praktikum im Hotel.

1 **a.** Lies den folgenden Text und lege in deinem Heft oder auf einem Blatt eine Tabelle
nach folgendem Muster an.

b. Frage nach den hervorgehobenen adverbialen Bestimmungen.
Schreibe die adverbialen Bestimmungen in die richtige Spalte der Tabelle.

Starthilfe

adv. Bestimmung des Ortes (Wo? Woher? Wohin?)	adv. Bestimmung der Zeit (Wann? Wie lange?)	adv. Bestimmung des Grundes (Warum?)	adv. Bestimmung der Art und Weise (Wie?)	adv. Bestimmung des Zwecks (Wozu? Zu welchem Zweck?)
…	…	…	…	…

Ich habe jeden Morgen um 8:00 Uhr angefangen. Wegen der vielen Gäste habe ich
zunächst im Frühstücksraum geholfen. Dort habe ich schnell das Geschirr abgeräumt.
Von 11:00 Uhr bis 13:00 Uhr bin ich an der Rezeption gewesen. Ich habe die Gäste
mit freundlichen Worten begrüßt. Wegen meiner guten Englischkenntnisse habe ich
einem Paar aus England Auskünfte geben können. Nachmittags habe ich auf der
Terrasse geholfen, die Tische abzuwischen. Auf Grund des guten Wetters war viel los
und die Gäste warteten ungeduldig auf Kaffee und Kuchen. Gegen Abend habe ich sehr
sorgfältig die Servietten zur Vorbereitung des Frühstücks gefaltet.

Auch Nora erzählt ihrer Freundin von ihrem Praktikum.

2 Ergänze in jedem Satz eine passende adverbiale Bestimmung vom Rand.

Ich habe mein Praktikum _____ gemacht.

Wo?

Ich habe mich _____ etwas gelangweilt.

Wann?

Aber _____ durfte ich kleine Sträuße binden.

Warum?

Ich erhielt _____ sogar ein Lob.

Wann?

Mehrmals am Tag musste ich die Pflanzen _____ ,

Warum?

_____ gießen.

Wo?

am Anfang
in einem Blumenladen
wegen meiner Kreativität
im Laden
später
wegen der Wärme

Lena und Nora tauschen sich mit ihren Mitschülern über Berufsanforderungen aus.

3 Erweitere jeden Satz mit einer adverbialen Bestimmung der Art und Weise vom Rand. Schreibe die Sätze auf.

Als Köchin musst du unbedingt _____ arbeiten können.

Als Altenpflegerin musst du _____ mit alten Menschen umgehen können.

Als Erzieherin musst du die Betätigungen der Kinder _____ gestalten.

Als Tierpfleger musst du dafür sorgen, dass die Tiere _____ leben können.

Als Physiotherapeut musst du den menschlichen Körper _____ kennen.

Als Hotelfachfrau musst du dich gegenüber den Gästen auch bei Stress _____

_____ verhalten.

sinnvoll
genau
im Team
höflich
artgerecht
einfühlsam

4 Schreibe zu Berufen, die dich interessieren, selbst Sätze über die jeweiligen Anforderungen auf. Verwende in deinen Sätzen adverbiale Bestimmungen der Art und Weise.

_____

_____

_____

_____

_____

_____

_____

_____

_____

_____

Quirin hat sein Praktikum bei einem Anlagenmechaniker für Sanitär-, Heizungs- und Klimatechnik gemacht.

5 **a.** Lies die folgenden Sätze.
    b. Markiere die adverbialen Bestimmungen des Ortes, der Zeit, des Grundes, der Art und Weise und des Zwecks in verschiedenen Farben.

Quirin berichtet vor der Klasse ausführlich von seinem Praktikum:

„Ich habe jeden Morgen das Werkzeug ins Auto geladen. Dann sind wir

zu verschiedenen Baustellen gefahren. Am Dienstag musste zum Beispiel

eine Heizungsanlage eingebaut werden. Zwei Tage später waren wir in einem Neubau,

wo die Sanitäranlagen eingebaut und angeschlossen wurden. Wegen des anstehenden

Einzugs der Besitzer mussten wir zügig arbeiten. Zur Bewältigung der Arbeit

benötigen wir mehr Leute. Aufgrund des anstrengenden Tags war ich abends immer

sehr müde."

6 **a.** Lies die folgenden Sätze.
    b. Füge in jeden Satz zwei passende adverbiale Bestimmungen ein. Schreibe deine Sätze auf.
    c. Markiere in deinen Sätzen die adverbialen Bestimmungen des Ortes, der Zeit, des Grundes, der Art und Weise und des Zwecks in verschiedenen Farben.

Quirin ist vom Meister gelobt worden.
Quirin hat seine Praktikumsmappe erstellt.
Der Geselle hat mit Quirin gearbeitet.

_____

_____

_____

_____

_____

7 **a.** Verändere in deinen Sätzen von Aufgabe 6 c. den Satzbau durch die Umstellung der adverbialen Bestimmungen. Schreibe deine Sätze auf.
    b. Markiere die adverbialen Bestimmungen.
    Tipp: Probiere verschiedene Möglichkeiten aus.

_____

_____

_____

_____

Die Attribute

Lena und Nora lesen einen Artikel über die Berufswahl junger Frauen.

1 a. Lies den Artikel.
   b. Die Attribute sind hervorgehoben. Unterstreiche die Bezugswörter.
        Verbinde die Attribute und Bezugswörter durch Pfeile.

Berufswahl junger Frauen

Alljährlich wählen viele Schülerinnen soziale Berufe aus.

Dazu zählen familiennahe Berufe wie Pflegefachfrau und Erzieherin.

Diese Berufe erfordern eine hohe Sozialkompetenz.

Außerdem leisten sie einen wichtigen Beitrag

für das gesellschaftliche Zusammenleben.

Dennoch hat diese Berufswahl meist eine geringe Bezahlung

und schlechte Aufstiegschancen zur Folge.

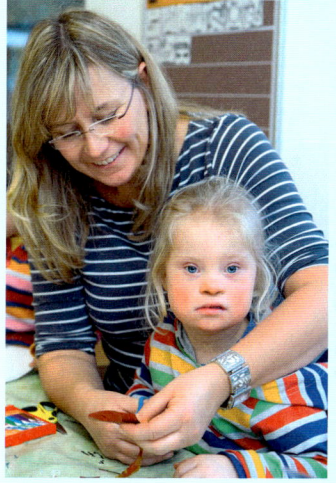

2 a. Markiere in den folgenden Sätzen die Attribute.
   b. Unterstreiche die Bezugswörter und verbinde Attribute und Bezugswörter durch Pfeile.
        Tipps: Es können mehrere Attribute zu einem Bezugswort gehören.
               Die Bezugswörter können auch aus einer Wortgruppe bestehen.

Bei der Berufswahl sollte man auf die persönlichen Stärken und Interessen achten.

Viele junge Frauen haben gute Kenntnisse in Mathematik und Technik.

Sie interessieren sich für handwerkliche und technische Berufe.

Hohe Geschicklichkeit ist bei diesen Ausbildungsberufen wichtig.

3 Stelle die Sätze aus Aufgabe 2 um.
   Schreibe die umgestellten Sätze in dein Heft oder auf ein liniertes Blatt.
   Tipp: Ein Attribut bleibt beim Umstellen immer mit seinem Bezugswort oder der Wortgruppe verbunden.

Starthilfe

Auf die persönlichen Stärken und Interessen sollte man …

Lena und Nora planen das nächste Praktikum.

4 **a.** Lies die folgenden Sätze.
   b. Ein Attribut ist markiert.
      Markiere die restlichen Attribute.
   c. Unterstreiche die Bezugswörter und verbinde Attribute und Bezugswörter
      durch Pfeile.
      Tipp: Einige weitere Attribute stehen vor dem Bezugswort, einige Attribute stehen
         nach dem Bezugswort.

Lena: Ich werde das <mark>nächste</mark> <u>Praktikum</u> in der Gärtnerei der Familie Dahn machen.

Nora: Ich möchte in den Kindergarten unseres Stadtteils oder

      in den Hort der Heinrich-von-Kleist-Grundschule gehen.

Lena: Bei der Beschäftigung mit den Kleinen wirst du starke Nerven brauchen.

Nora: Ich weiß. Aber ich habe kreative Ideen und liebe die Arbeit mit Kindern.

Lena schreibt ihre Bewerbung für ein Praktikum in der Gärtnerei Dahn.

5 **a.** Lies die Sätze aus Lenas Bewerbungsschreiben.
   b. Ergänze in den Sätzen 1 bis 3 die Nomen um passende Attribute vom Rand.
      Schreibe deine Sätze auf.
   ◉ **c.** Ergänze in den Sätzen 4 bis 6 die Nomen um passende Attribute.
      Schreibe deine Sätze auf.

1. Hiermit bewerbe ich mich bei Ihnen um eine Stelle.
2. Ich interessiere mich besonders für berufliche Tätigkeiten.
3. Arbeit macht mir Freude.
4. Seit Kurzem arbeite ich in der Garten-AG.
5. Vor allem wollen wir Beete anlegen.
6. Dabei zeige ich Engagement.

körperliche

für ein
Schülerpraktikum
der Landschafts-
gärtnerin

◉ **6** Welche Funktion haben die Attribute in deinen Sätzen in Aufgabe 5?
      Schreibe es in einem Satz in dein Heft oder auf ein liniertes Blatt.

Satzglieder kennen und verwenden

1 **a.** Lies die folgenden Sätze über Erlebnisse im Praktikum.

    b. Kennzeichne die adverbialen Bestimmungen so: ~~~~~~~.

    c. Ordne die adverbialen Bestimmungen unten richtig zu.

/10 Punkte

/10 Punkte

Ich beklebte vormittags Töpfe und Pfannen selbstständig mit Preisen.

Ich durfte in der Autowerkstatt probeweise einen Reifen wechseln.

Zum besseren Verständnis las ich den Text nochmals.

Morgens musste ich zwei Patienten in der Aufnahme betreuen.

Eine Patientin lobte mich wegen meiner Freundlichkeit.

In der Backstube der Bäckerei habe ich eine Stunde lang Brötchen geformt.

adverbiale Bestimmungen des Ortes: _____

_____

adverbiale Bestimmungen der Zeit: _____

_____

adverbiale Bestimmungen des Grundes: _____

_____

adverbiale Bestimmungen der Art und Weise: _____

adverbiale Bestimmungen des Zwecks: _____

2 **a.** Lies die folgenden Sätze.

    b. Markiere die Attribute zusammen mit ihrem Bezugswort.

    Tipp: Einige der Attribute stehen vor, einige nach dem Bezugswort.

/6 Punkte

In der Backstube half ich Frau Samt bei der Herstellung von Keksen.

Mein Praktikum machte mir großen Spaß.

Auf der Kinderstation half ich einem kranken Mädchen.

Vor dem Feierabend schrieb ich die Abendbrotwünsche der Patienten auf.

In der kleinen Gärtnerei hat mir die Arbeit mit Blühpflanzen am besten gefallen.

3 **a.** Lies die folgenden Sätze.

    b. Ergänze die unterstrichenen Nomen um passende Attribute vom Rand. Schreibe deine Sätze auf.

/3 Punkte

Ich durfte die Kekse vom <u>Backblech</u> nehmen. Dann mussten wir die <u>Bestellungen</u> herrichten. Die meisten Kunden hatten <u>Kekse</u> bestellt.

der Kunden

mit Schokoladen-füllung

für morgen

verschiedene

abgekühlten

_____

_____

_____

Gesamt: [ ] /29 Punkte

Auswertung ▶ **Lösungsheft**

Sätze untersuchen

Satzgefüge verwenden

Du kennst bereits Satzgefüge mit verschiedenen Konjunktionen.

1 Lies den folgenden Text.

Ein guter Plan

Die Mitglieder der Film-AG wollen über ihr Praktikum einen kleinen Film drehen.

Die Drehbuch-Gruppe verständigt sich über den Inhalt des Films und die Drehorte,

während die Technik-Gruppe eine Liste mit den notwendigen technischen Geräten

zusammenstellt. Luca sorgt für die Beleuchtung, weil er damit schon

Erfahrungen gemacht hat. Rosa bietet an, dass sie sich um den Ton kümmert.

Sie kennt sich damit gut aus. Alle Jugendlichen haben schließlich konkrete Aufgaben.

2 Im Text kommen mehrere Satzgefüge vor.
- **a.** Unterstreiche die Hauptsätze und die Nebensätze in unterschiedlichen Farben.
- **b.** Kreise jeweils die Konjunktion ein und unterstreiche die gebeugte Verbform im Nebensatz.
- **c.** Markiere jeweils das Komma.

Der Nebensatz kann auch vor dem Hauptsatz stehen.

3 Stelle zwei Satzgefüge aus dem Text um, sodass der Nebensatz vorn steht.
Schreibe die Sätze auf.
Tipp: Achte auf die Kommasetzung.

Nun kannst du üben, Satzgefüge zu bilden.

4 **a.** Lies die folgenden Sätze.

b. Welcher Satz in den Satzpaaren gibt jeweils eine Begründung an? Unterstreiche ihn.

Rosa braucht ein neues Mikrofon. Das alte funktioniert nicht richtig.

Said soll die weißen Schirme mitbringen. Damit kann er mehr Licht auf die Gesichter lenken.

Die Mitglieder der Film-AG treffen sich vor Lucas Praktikumsbetrieb. Dort wollen sie mit den Aufnahmen beginnen.

Der Drehplan ist umfangreich. Es gibt sechs verschiedene Drehorte.

5 Schreibe mit den Satzpaaren aus Aufgabe 4 Satzgefüge mit **da** oder **weil**.
Tipp: Achte auf die richtige Stellung der gebeugten Verbform im Nebensatz.

_____

_____

_____

_____

_____

_____

6 Schreibe mit den folgenden Satzpaaren Satzgefüge mit **während** und **dass**.

Rosa kennt sich mit der Tontechnik gut aus. Luca hat bereits Erfahrungen

mit Scheinwerfern.

Rosa kennt sich mit der Tontechnik gut aus, _____

_____ .

Alle sind sich sicher. Sie werden ihre Aufgaben pünktlich erledigen.

Alle sind sich sicher, _____

_____ .

7 **a.** Verbinde die folgenden Sätze jeweils durch passende Konjunktionen miteinander. Schreibe die Satzgefüge in dein Heft oder auf ein liniertes Blatt.
Tipp: Du kannst Konjunktionen aus dem Merkwissen auf Seite 100 verwenden.

b. Unterstreiche in den Satzgefügen die gebeugten Verbformen und markiere die Kommas.

Thomas kann die Kamera mitbringen. Sein Bruder leiht sie ihm bestimmt aus.
Said trifft als Erster am Drehort ein. Die anderen stehen noch mit dem Bus im Stau.
Einige Szenen wollen sie draußen drehen. Das Wetter ist schlecht.
Die Gruppe kann den Film beim Schulfest präsentieren. Der Film wird rechtzeitig fertig.

Relativsätze

Ein Nebensatz mit dem Relativpronomen der, das, die oder die (Relativsatz)
erklärt ein Nomen im Hauptsatz genauer.
Wir nutzen Strom, der aus erneuerbaren Energien stammt.
Sie kauft sich ein Auto, das einen Elektromotor hat.
Ich verwende eine Verpackung, die wiederverwertet werden kann.
Der Relativsatz kann auch in den Hauptsatz eingeschoben sein.
Strom, der aus erneuerbaren Energien stammt, schont die Umwelt.

Mit Relativsätzen kannst du Erklärungen formulieren.

1 **a.** Unterstreiche in den folgenden Satzgefügen die Relativsätze.

    b. Kreise die Relativpronomen ein.

    c. Verbinde die Relativpronomen und die zugehörigen Nomen durch Pfeile.

Ein Offshore-Windpark besteht aus Windturbinen, (die) sich im Meer befinden.

Biomasse ist eine Energiequelle, die aus organischen Substanzen gewonnen wird.

Bionik ist die Wissenschaft, die sich die Natur zum Vorbild nimmt.

2 **a.** Verbinde die folgenden Sätze mit den passenden Erklärungen.

    b. Füge in die Lücken die richtigen Relativpronomen ein und ergänze die Sätze
durch Relativsätze. Schreibe die Satzgefüge in deinem Heft auf.

    c. Kreise die Relativpronomen ein.

    d. Verbinde die Relativpronomen und die zugehörigen Nomen durch Pfeile.

Starthilfe

Ein Helioflex ist ein Spiegel, (der) Sonnenstrahlen umleitet. ...

Ein **Helioflex** ist ein Spiegel,   ? aus Atomkraft gewonnen wird.

Solarenergie ist eine Energieform,   ? Sonnenstrahlen umleitet.

Kernenergie ist eine Energieform,   ? aus der Sonne gewonnen wird.

3 Bilde aus den folgenden Satzpaaren Satzgefüge mit eingeschobenem Relativsatz.
Schreibe die Satzgefüge in dein Heft oder auf ein liniertes Blatt.
Tipp: Achte auf die Kommasetzung.

Starthilfe

Der Wind, der ...

Der Wind erzeugt viel Energie. Der Wind kommt ungehindert übers Meer.
Sonnenenergie ist nahezu überall verfügbar. Sie wird in Solaranlagen
in andere Energieformen umgewandelt.

4 Erkläre die hervorgehobenen Begriffe, indem du passende Relativsätze ergänzt.
Schreibe die Satzgefüge auf.

Solarenergie ist eine Energie. Die Windkraft ist eine Energie.
Chemie ist ein Schulfach.

Satzgefüge verwenden

1 **a.** Verbinde die folgenden Sätze jeweils durch eine passende Konjunktion miteinander. Schreibe die Satzgefüge auf.

   b. Unterstreiche die gebeugten Verbformen und markiere die Kommas.

Immer wieder setzen Menschen ihr Haustier aus. Sie haben es sich bewusst ausgesucht. Diese Menschen wollen ihr Tier loswerden. Viele Kinder wünschen sich ein Haustier. Das Tierheim kann alle Tiere versorgen. Es melden sich noch ehrenamtliche Helfer. Manche Tiere werden vom Tierarzt behandelt. Die Tiere sind krank.

2 **a.** Verbinde die folgenden Sätze jeweils durch ein Relativpronomen miteinander. Schreibe die Satzgefüge auf.

   b. Verbinde die Relativpronomen und die zugehörigen Nomen durch Pfeile.

Im Tierheim werden Hunde aufgenommen. Die Hunde wurden an der Autobahn ausgesetzt.
Die Tierpfleger kümmern sich um diese Hunde. Die Hunde sind oft verwahrlost.
Das Tierheim wird von Schülern unterstützt. Die Schüler engagieren sich in ihrer Freizeit für den Tierschutz.

3 **a.** Verbinde die folgenden Sätze jeweils zu Satzgefügen mit eingeschobenem Relativsatz. Schreibe die Satzgefüge auf. Es gibt jeweils zwei Möglichkeiten.

   b. Verbinde die Relativpronomen und die zugehörigen Nomen durch Pfeile.

Das Tierheim bietet genug Platz für die Tiere. Das Tierheim liegt außerhalb der Stadt.
Die Tiere bekommen wieder ein Zuhause. Die Tiere werden an neue Besitzer vermittelt.

Gesamt: /18 Punkte

Auswertung ► **Lösungsheft**

Das Arbeitsheft wurde erarbeitet auf der Grundlage der Ausgaben von Christa Becker-Binder, Dorothea Fogt, Renate Krull (Herausgeberinnen) und Werner Bentin, Martin Plieninger, Torsten Zander (Herausgeber) sowie Grit Adam, Angela Adhikari, Esther Backes, Werner Bentin, Iris Böger, Kathleen Breitkopf, Annette Brosi, Marion Clausen, Ulrich Deters, Susanne El-Gindi, Dorothea Fogt, Axel Frieling, Agnes Fulde, Andreas Glas, Sandra Heidmann-Weiß, Petra Herdlitschka, Dirk Hergesell, Maja Jeretin-Kopf, Rebekka Kübler, Sarah Marin Bendana, Silke Müller, Ralph Olsen, Martin Plieninger, Christine Roock, Matthias Scholz, Rainer Schremb, Gila Tautz, Isabel Tebarth, Renate Teepe, Christian Weißenburger, Britta Wurst-Falck.

Redaktion: Barbara Holzwarth, Gröbenzell/München, Sandra Wuttke-Baschek, Recklinghausen
Umschlaggestaltung: Buchgestaltung +, Berlin
Umschlagillustration: Natascha Römer, Römer & Osadtschij GbR, Schwäbisch Gmünd
Layoutkonzept: Wladimir Perlin (MeGA 14), Berlin
Technische Umsetzung: L 101 Mediengestaltung, Fürstenwalde

Textquellen
Grünewald, Ulrich/Ziegler, Wiebke: Energie aus dem Meer* (S. 5 f.). In: Planet Wissen, Natur & Technik. Unter: http://www.planet-wissen.de/natur/meer/energie_aus_dem_meer/index.html [Abruf 15.01.2018]. **Selnau, Ria:** Ein großer Traum (S. 10). Originalbeitrag. **Müller, Heinz:** Unser Strommix im Jahr 2017 (S. 12). Originalbeitrag. **Ungen. Verf.:** Solarthermiekraftwerke. Strom aus gebündelten Sonnenstrahlen* (S. 15 f.). Aus: https://www.br.de/themen/wissen/solarthermie-sonnenkraft-energie100.html; Stand: 04.12.2019 [Abruf 15.02.2020]. **Funke, Cornelia:** Tintenblut* (S. 32). Hamburg: Oetinger Verlag 2011. S. 120–122. **Harg, William M.:** Der Retter* (S. 36 f.). Aus: Hans Beppo Wagenseil (Hrsg. u. Übers.): Erzähler von Drüben, Band 1: Amerikaner. Limes Verlag, Wiesbaden 1947 (© Verlagsgruppe Random House). **Kaléko, Mascha:** Sehnsucht nach einer kleinen Stadt (S. 42). Aus: Die paar leuchtenden Jahre. dtv Verlagsgesellschaft, München 2012 (10. Auflage), S. 35 f. Ⓡ **Wigand, Pattie:** Ein Montagmorgen im Bus (S. 70). Aus: Der Pauker, Prüfungsaufgaben für Hauptschulabgänger in Baden-Württemberg. Stephan Hutt-Verlag, Stuttgart 1994/95. **Weber, Annette:** Schüleraustausch* (S. 86). Aus: Annette Weber: Aus dem Leben gegriffen: Einfache Kurzgeschichten für Jugendliche. Materialien für den Deutschunterricht ab Klasse 7. Friedberg: Brigg Verlag Franz-Josef Büchler KG 2009. **Weber, Annette:** Schüleraustausch* (S. 88). Aus: Annette Weber: Aus dem Leben gegriffen: Einfache Kurzgeschichten für Jugendliche. Materialien für den Deutschunterricht ab Klasse 7. Friedberg: Brigg Verlag Franz-Josef Büchler KG 2009. **van Dannen, Funny:** Freundinnen (S. 89). Text von Franz-Josef Hagmanns-Dajka, 1995 (Auszug).
Die mit * gekennzeichneten Texte sind aus didaktischen Gründen gekürzt und/oder vereinfacht.

Bildquellen
S. 5: Shutterstock/Francois BOIZOT; S. 6: dpa/Florian Schuh; S. 10: INTERFOTO/Sammlung Rauch; S. 16 o.: mauritius images/dieKleinert; S. 16 u.: imago stock&people; S. 20: Fotolia/Jürgen Fälchle; S. 29: Shutterstock/Syda Productions; S. 31: Shutterstock/Jocek Chabraszewski; S. 53: Fotolia/Jean-Philippe WALLET; S. 59: akg-images; S. 66: Shutterstock/Igor Stevanovic; S. 72: mauritius images/STOCK4B-RF; S. 76: Fotolia/gosphotodesign; S. 82: Fotolia/reimax16; S. 83: Fotolia/arsdigital; S. 93: Fotolia/WavebreakMedia; S. 94: Fotolia/aquar; S. 96: Shutterstock/SpeedKingz; S. 97: 100 pro imago life/epd; S. 98: mauritius images/Westend61; S. 100: Fotolia/Patrick Daxenbichler; S. 101: Fotolia/lapandr; S. 102: mauritius images/Pixtal; S. 103: Shutterstock/Kozlik

Illustrationen
Sylvia Graupner, Annaberg: S. 36, 39, 43–44, 71. Timo Grubing, Bochum: 22, 25. Carsten Märtin, Oldenburg: S. 46, 48, 50, 53, 55, 57–59 (Rechtschreibsymbole). Ulrike Selders, Köln: S. 84–85. Dorina Tessmann, Berlin: S. 89. Rüdiger Trebels, Düsseldorf: S. 6, 16, 19, 46–48, 51, 55, 65, 67–68, 74–75, 78, 81

weitere Bestandteile für Schüler zu Doppel-Klick 8 M
Schülerbuch 978-3-06-200214-4
Schülerbuch als E-Book 978-3-06-062081-4

www.cornelsen.de

1. Auflage, 2. Druck 2021

Alle Drucke dieser Auflage sind inhaltlich unverändert und können im Unterricht nebeneinander verwendet werden.

© 2020 Cornelsen Verlag GmbH, Berlin

Druck: Athesiadruck GmbH

ISBN 978-3-06-200215-1

PEFC zertifiziert
Dieses Produkt stammt aus nachhaltig bewirtschafteten Wäldern und kontrollierten Quellen.
www.pefc.de
PEFC/18-31-166